CLASSIQ

Collection fondée

LÉON LEJEALLE (1949 à 19

Agr

MARIVAUX

LA DOUBLE INCONSTANCE

comédie

avec une Notice biographique, une Notice historique et littéraire,
des Notes explicatives, une Documentation thématique,
des Jugements, un Questionnaire et des Sujets de devoirs,

par

PIERRE-BERNARD MARQUET

Agrégé des Lettres
Professeur au Lycée de Montgeron

édition remise à jour

LIBRAIRIE LAROUSSE

17, rue du Montparnasse, 75298 PARIS

RÉSUMÉ CHRONOLOGIQUE
DE LA VIE DE MARIVAUX

1688-1763

1688 — **Naissance à Paris** de Pierre Carlet de Chamblain (4 février), baptisé à la paroisse Saint-Gervais. Son père devient deux ans plus tard directeur de la Monnaie de Riom.

1706-1711 — Composition du *Père prudent et équitable*, comédie (éd. 1712).

1710-1713 — Études de droit à Paris. Fréquentations littéraires, en particulier au salon de la marquise de Lambert.

1712 — *Pharsamon ou les Folies romanesques*, roman (éd. 1737).

1713-1714 — *Les Aventures de XXX ou les Effets surprenants de la sympathie*, roman en cinq volumes, publié avec l'approbation de Fontenelle.

1714 — *La Voiture embourbée*, roman en un volume. — *Le Triomphe de Bilbo- quet ou la Défaite de l'esprit, de l'amour et de la raison*, essai satirique. — Approbation de Burette, censeur royal, pour le manuscrit du *Télé- maque travesti*, parodie burlesque, imprimée à Amsterdam en 1735 et 1736 seulement, critiquée très sévèrement par Desfontaines ; Marivaux devra le désavouer en 1736.

1717 — *L'Iliade travestie*. La critique du *Mercure* est assez violente : « Que ce style jamais ne souille votre ouvrage. » Pierre Carlet signe pour la pre- mière fois du nom de **Marivaux**. — Marivaux épouse à Paris Colombe Bologne, dotée de 40 000 livres (juillet).

1717-1719 — Publication dans le *Mercure* de plusieurs essais : « Pensées sur différents sujets », « Sur la clarté du discours », « Sur la pensée sublime ».

1719 — Naissance de Colombe-Prospère, fille de Marivaux.

1720 — Banqueroute de Law, qui entraîne la ruine de Marivaux. — *L'Amour et la vérité*, écrit en collaboration avec Saint-Jorry. Le texte est perdu. — *Arlequin poli par l'amour* (éd. 1723, sans nom d'auteur). — *Annibal*, tragédie en cinq actes, est joué aux Comédiens-Français (trois repré- sentations) [éd. 1727, sans nom d'auteur].

1721-1722 — Parution de six feuilles du *Spectateur français*, gazette.

1722 — *La Surprise de l'amour* (mai), compte rendu très favorable dans *le Mercure* ; représentée à la Cour en 1731.

1723 — Mort de Mme de Marivaux. — *La Double Inconstance* (avril), compte rendu élogieux dans *le Mercure* ; reprise au théâtre en 1726 et 1736.

1724 — *Le Prince travesti*. On trouve dans le compte rendu du *Mercure* ce jugement : « Il faut avouer que cette manière d'écrire n'est pas tout à fait naturelle, elle a quelque chose d'éblouissant qui va jusqu'à la séduction. » Reprise au théâtre en 1729. — *La Fausse Suivante* (publiée en extraits dans *le Mercure*), reprise en 1729 et 1741. — *Le Dénouement imprévu*.

1725 — *L'Île des esclaves,* reprise au théâtre en 1726 et 1736. — *L'Héritier de village*.

1726-1727 — Date probable de la composition de l'*Indigent philosophe* (gazette anonyme), en onze feuilles.

1727 — *La Seconde Surprise de l'amour* : *l'Île de la raison*.

1729 — *La Nouvelle Colonie ou la Ligue des femmes* ; *le Triomphe de Plutus*. — On annonce *la Vie de Marianne ou les Aventures de Madame la Comtesse de...* — Représentation à la Cour de *la Double Inconstance* et d'*Arlequin Hulla* (pièce de l'acteur Romagnesi, qui passe pour être de Marivaux).

1730 — Ouverture, rue de Beaune, du salon de Mme du Deffand, où est reçu Marivaux. — **Le Jeu de l'amour et du hasard**. Commentaire élogieux du *Mercure* : « Au reste tout le monde convient que la pièce est bien écrite et pleine d'esprit, de sentiment et de délicatesse. »

© *Librairie Larousse*, 1975.   ISBN 2-03-870087-7

1731 — *La Réunion des amours.* — Première partie de *la Vie de* (huit parties en tout, jusqu'en 1741. Il y aura par la suite apocryphes publiées à La Haye).

1732 — *Le Triomphe de l'amour*, joué à la Cour : très grand succès. — *Serments indiscrets.* — *L'École des mères.*

1733 — Mort de Mme de Lambert, chez qui fréquentait Marivaux. Ouverture du salon de Mme de Tencin, qui recueille les invités de Mme de Lambert. — *L'Heureux Stratagème.*

1734 — Publication du *Cabinet du philosophe*, journal, onze feuilles. — *Le Paysan parvenu ou les Mémoires de M...,* roman qui paraît en plusieurs parties (la cinquième en 1735). — *La Méprise.* — *Le Petit-Maître corrigé* : « Échec », dit *le Mercure.*

1735 — *La Mère confidente.*

1736 — Reprise diverses : *la Double Inconstance*, *l'Ile des esclaves*. Désaveu des œuvres satiriques. — *Le Legs.*

1737 — *Les Fausses Confidences,* peu de succès, reprises en 1738 avec davantage de succès.

1738 — *La Joie imprévue.*

1739 — *Les Sincères.* — Neuvième et dernière partie (apocryphe) de *la Vie de Marianne* à La Haye. — Mort de Thomassin Vincentini, qui jouait les rôles d'Arlequin.

1740 — *L'Épreuve.*

1742 — Réimpression des onze parties (dont trois apocryphes) de *la Vie de Marianne* à Paris, chez Prault. Mme de Tencin commence une campagne en faveur de l'entrée de **Marivaux à l'Académie**. Marivaux **est élu** successeur de l'abbé Houtteville, à l'unanimité, **contre Voltaire**, par le parti dévot.

1743 — Réception de Marivaux à l'Académie (4 février).

1744 — Location d'un corps de logis de l'hôtel d'Auvergne par Mlle de Saint-Jean, qui y habite avec Marivaux. — Lecture à l'Académie des *Réflexions sur le progrès de l'esprit humain.* — *La Dispute.*

1745 — Colombe-Prospère de Marivaux entre au noviciat de l'abbaye du Trésor, à Bus-Saint-Rémy, près des Andelys, prononce ses vœux l'année suivante.

1746 — *Le Préjugé vaincu.*

1749 — Mort de Mme de Tencin. Marivaux fréquente alors le salon de Mme Geoffrin.

1753 — Donation, par Marivaux, de ses biens à Mlle de Saint-Jean.

1754 — Mort de Silvia Balletti.

1755 — *Réflexions sur l'esprit humain à l'occasion de Corneille et Racine* ; *Réflexions sur Thucydide*, publiées par *le Mercure*. *La Femme fidèle*, drame bourgeois, une représentation.

1757 — *Félicie*, comédie allégorique, lue aux Comédiens-Français. Marivaux et Mlle de Saint-Jean s'installent rue de Richelieu et se constituent une rente viagère mutuelle. — *Les Acteurs de bonne foi*, publiées dans *le Conservateur.*

1758 — Édition Duchesne des *Œuvres de théâtre de Marivaux*, cinq volumes in-12.

1761 — *La Provinciale*, comédie en un acte, pièce attribuée, peut-être à tort, à Marivaux et publiée dans *le Mercure.*

1763 — Mort de Marivaux à Paris (12 février).

Marivaux avait trente-trois ans de moins que Regnard ; vingt-sept ans de moins que Dancourt ; six ans de plus que Voltaire ; vingt-cinq ans de plus que Diderot ; trente et un ans de plus que Sedaine ; quarante-quatre ans de plus que Beaumarchais.

MARIVAUX ET SON TEMPS

	la vie et l'œuvre de Marivaux	le mouvement intellectuel et artistique	les événements politiques
1688	Naissance à Paris (4 février).	La Bruyère : les *Caractères*.	Début de la guerre de la ligue d'Augsbourg. Débarquement de Guillaume d'Orange en Angleterre.
1706	Séjourne en province. Écrit sa première comédie : *le Père prudent et équitable*.	Arouet (Voltaire) est introduit dans la société du Temple.	Défaites françaises à Turin et à Ramillies (guerre de la Succession d'Espagne).
1712	Premier roman : *Pharsamon ou les Folies romanesques*.	Fénelon : *Dialogues des morts*.	Mort du duc de Bourgogne.
1717	Mariage ; *L'Iliade travestie*, parodie d'Homère en douze chants.	Arouet à la Bastille. Destouches : *l'Envieux*. Watteau : *l'Embarquement pour Cythère*.	Le tsar Pierre le Grand à Paris.
1720	*Annibal*, tragédie. *Arlequin poli par l'amour*.	Traduction française de *Robinson Crusoé* de Daniel Defoe et du *Spectator* d'Addison.	Law, contrôleur général des Finances (janvier) : faillite de son système (juillet).
1721	Ruine, consécutive à la banqueroute de Law.	Montesquieu : les *Lettres persanes*. Mort de Watteau.	Traité de Nystadt, imposé par Pierre le Grand à la Suède.
1722	*La Surprise de l'amour*. Fondation du *Spectateur français*.	*Traité de l'harmonie* de J.-P. Rameau. Grand prix de sculpture à Bouchardon.	Le cardinal Dubois, Premier ministre.
1723	*La Double Inconstance*.	Saint-Simon commence à écrire ses *Mémoires*.	Mort du Régent et du cardinal Dubois.
1724	*Le Prince travesti. La Fausse Suivante. Le Dénouement imprévu*.		Fondation de la Bourse de Paris.
1725	*L'île des esclaves. L'Héritier de village*.	Seconde incarcération de Voltaire à la Bastille. Naissance de Greuze.	Mariage de Louis XV et de Marie Leszczynska. Mort de Pierre le Grand.
1727	*La Seconde Surprise de l'amour. L'île de la raison*.	Départ de l'abbé Prévost pour l'Angleterre. Mort de Newton.	Rupture anglo-espagnole.
1729	*La Nouvelle Colonie ou la Ligue des femmes*.	Voyage de Montesquieu à travers l'Europe. J.-J. Rousseau chez Mme de Warens.	Traité de Séville entre l'Angleterre et l'Espagne.

1730	*Le Jeu de l'amour et du hasard.*	Premières réceptions chez Mme du Deffand. Succès des peintres Lancret et Boucher, du musicien F. Couperin.	Début du ministère Walpole en Angleterre. Avènement d'Anna Ivanovna en Russie.
1731	Début de la *Vie de Marianne* (roman).	Voltaire : *Histoire de Charles XII.* Abbé Prévost : *Manon Lescaut.* Mort de Daniel Defoe.	Traités de Vienne, entre l'Autriche, d'une part, l'Espagne et l'Angleterre, d'autre part.
1732	*Le Triomphe de l'amour. Les Serments indiscrets. L'École des mères.*	Destouches : *le Glorieux.* Voltaire : *Zaïre.* Naissance de Fragonard et de Beaumarchais.	Pacte de Berlin (Autriche, Prusse, Russie), origine de la guerre de la Succession de Pologne.
1734	*La Méprise. Le Petit-Maître corrigé. Le Paysan parvenu,* roman inachevé.	Montesquieu : *Lettres philosophiques. Considérations sur les causes de la grandeur des Romains et de leur décadence.*	Guerre de la Succession de Pologne (depuis octobre 1733) : victoires françaises, mais fuite et abdication de Stanislas Leszczynski.
1735	*La Mère confidente.*	La Chaussée : *le Préjugé à la mode.* Mouhy : *la Paysanne parvenue* (roman).	Préliminaires de paix entre l'Autriche et la France pour régler la succession de Pologne.
1736	*Le Legs.*	Lesage : *le Bachelier de Salamanque.* Voyages de Maupertuis et de La Condamine pour mesurer la Terre.	Stanislas Leszczynski devient roi de Lorraine.
1737	*Les Fausses Confidences.*	Naissance de Bernardin de Saint-Pierre. Premier Salon de peinture. Travaux scientifique de Réaumur et de Vaucanson.	Disgrâce de Chauvelin, secrétaire d'État aux Affaires étrangères.
1739	*Les Sincères.*	Buffon nommé intendant du Jardin du roi.	Guerre anglo-espagnole.
1740	*L'Épreuve.*	Premier voyage de Voltaire à Berlin.	Début de la guerre de la Succession d'Autriche.
1742	Élection à l'Académie française.	Voltaire : *Mahomet.*	Dupleix, gouverneur général de la Compagnie des Indes, lutte contre les Anglais.
1753	Reçoit une pension du roi.	J.-J. Rousseau : *le Devin du village. L'Encyclopédie* et l'*Histoire naturelle* de Buffon continuent à paraître.	Conflit entre le parlement et le pouvoir royal au sujet des billets de confession.
1763	Mort à Paris (12 février).	Voltaire : *Traité sur la tolérance.* Réponse de J.-J. Rousseau au mandement condamnant l'*Émile.*	Traité de Paris, qui termine la guerre de Sept Ans.

LA DOUBLE INCONSTANCE
1723

NOTICE

Ce qui se passait en 1723. — EN POLITIQUE. — 16 *février* : « *Majorité* » *de Louis XV (né en 1710) ; fin de la Régence. Le cardinal Dubois, Premier ministre depuis le 22 août 1722, conserve ses pouvoirs, mais meurt le 10 août 1723, après avoir été reçu à l'Académie ; 2 décembre : mort du duc d'Orléans. Le duc de Bourbon devient Premier ministre. Début de l'administration du financier Pâris Du Verney, « secrétaire des commandements » du duc. Dans les affaires extérieures, tout est dominé par la politique du cardinal Dubois : rapprochement avec l'Angleterre et l'Espagne contre l'Autriche, et préparation de mariages princiers destinés à unir les monarchies française et espagnole. Une guerre contre l'Autriche semble imminente.*

DANS LES LETTRES. — *Plein essor du salon de la marquise de Lambert, où Marivaux rencontre Montesquieu, La Motte, Fontenelle, l'abbé de Saint-Pierre, le président Hénault, le marquis d'Argenson ; Montesquieu :* De la politique *(1722-1723);* 1ᵉ *édition clandestine à Rouen de la* Henriade *de Voltaire, sous le titre de* Henri le Grand; *Houdart de La Motte :* Inès de Castro *(tragédie). Naissance du baron d'Holbach, de Marmontel, de Grimm, de mademoiselle Clairon.*

DANS LES ARTS. — 1722 : *Mort du peintre Claude Gillot ; naissance du peintre P.-A. Baudoin, gendre de Boucher ; le statuaire Bouchardon obtient le grand prix de sculpture ;* Traité d'harmonie *de J.-P. Rameau.* — 1723 : *Boucher, à vingt ans, obtient le grand prix de peinture ; la* Pietà *(ou Descente de croix) de N. Coustou; François Lemoine décore le plafond du chœur de l'église des Jacobins (aujourd'hui Saint-Thomas-d'Aquin) ; février : débuts de Rameau au théâtre : il compose la musique de l'*Endriague *de Piron, jouée à la foire Saint-Germain ; cantates de Bach.*

DANS LES SCIENCES. — 1722 : *Naissance du médecin Bordeu;* 1723 : *C. F. Cisternay de Fay trouve un procédé systématique pour construire des baromètres phosphorescents.* — 1724 : *le père Castel publie contre Newton son* Traité de la pesanteur universelle.

Représentation de « la Double Inconstance ». — *La Double Inconstance* fut créée par les « Comédiens italiens ordinaires du Roi », le mercredi 6 avril 1723, à l'Hôtel de Bourgogne, rue Mauconseil. Elle eut, au dire de Desboulmiers (*Histoire du théâtre italien*, 1769, t. II, p. 143), « beaucoup de succès » et fut jouée quinze fois de suite, ce qui est alors un assez beau chiffre. Elle eut droit en tout cas à un compte rendu dans le *Mercure* d'avril 1723; les éloges y étaient mêlés de quelques réticences[1], mais l'article faisait à l'auteur l'honneur, assez rare, de résumer de mémoire la pièce, au lieu d'attendre que le texte en fût imprimé. Ce résumé est intéressant à plus d'un titre; encore qu'il ne se pique pas d'être absolument fidèle à l'ordonnance des scènes, il prouve à peu près certainement que Marivaux remania son texte avant de le donner à l'éditeur, sans doute pour répondre à certaines critiques et en particulier pour mieux ménager l'intérêt jusqu'à la fin de l'acte III[2].

Une preuve du succès qu'eut *la Double Inconstance* est qu'elle resta au répertoire des Italiens, et fut souvent reprise par eux : entre autres en 1724 et 1725, devant la cour, à Fontainebleau; en 1726 (le 28 mars), avec *l'Ile des esclaves*, récemment créée, à Versailles, devant la Cour. Elle fut également reprise publiquement le 19 janvier 1724, avec une pièce nouvelle en un acte et en prose, mêlée de vaudevilles et de chants : *le Mariage d'Arlequin avec Silvia* ou *Thétis et Pélée déguisés* (parodie, par Dominique, de l'opéra de Fontenelle et Collasse, représenté en 1689 et repris en novembre 1723). A ce propos, d'ailleurs, *le Mercure* de janvier 1724 signale que le public déçu de la parodie se dédommagea à *la Double Inconstance*, qui est « une des meilleures comédies de Marivaux ».

La pièce n'entra cependant que fort tard au répertoire du Théâtre-Français, en 1934 seulement, et ne fut jouée sur cette scène que vingt-cinq fois de 1934 à 1945. Elle y fut reprise en 1952 dans une mise en scène de Jacques Charon, avec Julien Bertheau (le Prince), Robert Manuel (Trivelin), Robert Hirsch (Arlequin), Bernard Dhéran (un seigneur), Micheline Boudet (Silvia), Lise Delamare (Flaminia) et Magali de Vendeuil (Lisette)[3].

La distribution à la création ne nous est pas connue, mais elle est dans son ensemble facile à reconstituer, puisque les « emplois » des comédiens italiens étaient assez stricts et que ceux-ci conservaient souvent le nom des rôles qu'ils jouaient.

Le Prince était Lélio (il est constamment désigné par ce nom dans le compte rendu du *Mercure*), c'est-à-dire Luigi Riccoboni (1674-1753), chef de la troupe et titulaire des rôles de premiers amoureux.

Le Seigneur pouvait être Joseph Baletti (1692-1762), dit Mario, et beau-frère de Lélio; son emploi était celui du second amoureux; ici il n'aurait eu qu'un rôle très effacé.

Flaminia était Héléna Baletti (1686-1771), femme de Lélio et

---

1. Cf. le texte du *Mercure* dans les Jugements, p. 93; **2.** Cf., dans les notes des scènes « remaniées » (acte II, sc. XIII, et acte III, sc. V), les extraits du résumé du *Mercure*. Cf. aussi (acte III, sc. II) un autre remaniement, de détail. On trouvera enfin, dans les Questions, d'autres passages du résumé, portant des jugements sur certaines scènes de la comédie ; **3.** Le 4 mai 1961 eut lieu la 122ᵉ représentation, à compter de la création au Français en 1934. Aucune reprise n'a lieu à ce théâtre jusqu'à la date actuelle (1968).

sœur de Mario. Sous ce nom de Flaminia, elle jouait les premières amoureuses, tout au moins à l'origine, avant d'être « détrônée » par Silvia.

Lisette pouvait être Margarita Rusca, dite Violette, femme de Thomassin : elle jouait les soubrettes.

Silvia était Gianetta Benozzi (1700-1758), femme (et cousine) de Mario, qui fut l'interprète favorite de Marivaux, et promue par lui du rang de seconde à celui de première amoureuse. Elle fut pour beaucoup dans le succès de *la Double Inconstance.*

Arlequin était Thomas-Antoine Visentini, dit Thomassin (1682-1739). De petite taille, mais excellent danseur, acrobate et comédien — il avait débuté à dix ans à Rome dans des rôles de travestis —, il fut, lui aussi, un merveilleux interprète de Marivaux, capable de faire passer les spectateurs du rire aux larmes.

Trivelin, enfin, pouvait être Pierre-François Biancolelli (1681-1734), fils de Dominique, l'extraordinaire « Arlequin » du XVIIe siècle, engagé aux Italiens en 1717 pour y tenir les rôles de Pierrot, puis de Trivelin.

Quant aux figurants indiqués dans la liste des personnages (laquais et filles de chambre), le chef de troupe n'était pas embarrassé pour les « distribuer », car, outre les sept acteurs cités, la compagnie comprenait alors six hommes et deux femmes.

« La Double Inconstance » dans l'œuvre et la vie de Marivaux. — C'est la cinquième œuvre de Marivaux jouée à Paris, sa quatrième comédie au Théâtre-Italien, et la confirmation du succès des deux précédentes (*Arlequin poli par l'amour* et *la Surprise de l'amour*). Certains historiens se sont demandé si le sujet — et le titre — de cette comédie ne pouvaient pas s'expliquer par la vie même de Marivaux. Il avait épousé en 1717 Colombe Gervais, dont il avait eu une fille en 1719, Colombe-Prospère. Or, selon la tradition, il connut seulement en 1722, après *la Surprise*, son interprète Silvia, et de ce jour se noua entre eux une longue et solide amitié. Silvia était depuis 1720 la femme de Mario. Y eut-il, dans la réalité aussi, double inconstance de Silvia et de Marivaux ? On peut le penser, mais il est impossible de l'affirmer. En tout cas, la femme de Marivaux mourut en 1723, après la création de cette comédie, et il en demeura longtemps inconsolable selon d'Alembert, tandis que Silvia conserva de son côté une réputation de bonne mère et d'épouse vertueuse. Le brusque veuvage de Marivaux peut avoir empêché, ou interrompu, un début de roman. La coïncidence en tout cas est curieuse.

Analyse de la comédie (les scènes principales sont indiquées entre parenthèses). ACTE PREMIER. — Une jeune paysanne, Silvia, a été enlevée par le Prince qui l'aime et désire l'épouser. Mais Silvia n'aime qu'Arlequin, et ne demande que de le revoir (1). Le

Prince — contraint par ses lois d'épouser une de ses sujettes, mais sans user de violence — charge Flaminia de lui gagner le cœur de Silvia. Le premier plan conçu consistera à détacher Arlequin de Silvia en promettant à celui-ci honneurs et richesses (IV) et en le faisant séduire par Lisette. Ce plan échoue (VI). Flaminia en imagine un autre plus subtil. Loin de s'opposer aux amours de Silvia et d'Arlequin, elle les réunit et s'attendrit sur leur malheur. Elle gagne très vite ainsi la sympathie d'Arlequin, pour lequel elle éprouve d'ailleurs une certaine tendresse (XII)

Acte II. — Silvia est, elle aussi, conquise par Flaminia et lui confie les hésitations de son cœur : si elle devait abandonner Arlequin, ce serait pour un officier qu'elle a rencontré plusieurs fois — et qui n'est autre que le Prince (I). Elle aimerait aussi se venger des dames de la cour qui la jugent trop « commune » pour plaire au Prince, et en particulier de Lisette, qui, conformément au plan de Flaminia, vient l'insulter. Silvia consent même à se laisser aimer en silence par le bel officier (III). De son côté, Arlequin veut défendre Flaminia contre le courtisan Trivelin, qui l'a accusée de « trahir » le Prince, et, de ce fait, sent grandir son « amitié » pour sa « protégée » (VI, VII). Enfin, Silvia commence à se détacher d'un Arlequin que, en comparaison avec l'officier, elle trouve rude, bourru et trop occupé de bien manger (XI), et va jusqu'à souhaiter que l'officier soit le Prince (XII).

Acte III. — Arlequin a décidé de demander au Prince de le laisser repartir pour son village avec Silvia.. et Flaminia. Il se moque plaisamment d'un seigneur venu lui apporter des lettres de noblesse (IV). Puis il tente de convaincre le Prince de renoncer à Silvia et se lamente de le voir désolé (V). Cependant, Flaminia est « exilée »; elle vient faire ses adieux à Arlequin, et lui révèle son amour. Il découvre qu'il l'aime aussi (VII). De même, Silvia avoue à Flaminia que c'est décidément l'officier qu'elle aime (VIII), et le Prince n'a plus qu'à paraître et à se nommer pour que la comédie se termine par les deux mariages qui consacrent le succès de cette double inconstance (IX).

L'action. — Elle réside tout entière dans l'évolution des sentiments d'Arlequin et de Silvia. Il ne semble pas pourtant que, ici, Marivaux ait déjà toute l'habileté nécessaire pour rendre cette double inconstance — ou, si l'on préfère, cette double surprise de l'amour — à la fois vraisemblable et naturelle. Il a recours à un certain nombre de procédés romanesques qui sentent l'artifice : la rencontre, avant le début de la pièce, de Silvia et du Prince déguisé ne semble bien prévue que pour la commodité. Sans doute, Marivaux est-il coutumier de ces travestissements, mais est-il croyable que le Prince, amoureux de Silvia, ne cherche jamais à se montrer à elle sous son nom, avant le dénouement. Même Silvia ne s'en étonne pas !

La scène de Lisette avec Arlequin (I, VI) n'est très évidemment faite que pour préparer les scènes où Flaminia, plus habile, séduira ce villageois, qui s'était cependant révélé bien méfiant avec Lisette. On trouverait ainsi bon nombre de scènes — d'interventions de personnages plus ou moins épisodiques — destinées à faire progresser l'action par bonds. Certes, elles ne sont que l'exécution du « plan » de Flaminia, mais c'est un fait que Marivaux a eu besoin ici d'un meneur de jeu. Toute son habileté a été de le justifier par la situation initiale, et la volonté du Prince. Jamais, d'autre part, ce plan de Flaminia ne nous est dévoilé par avance, ni même évoqué dans ses grandes lignes — comme ce sera le cas pour le plan de *Dubois* dans *les Fausses Confidences* —, et cette ignorance où reste le public risque de lui faire croire qu'il assiste à une succession de hasards heureux — trop heureux !

Néanmoins, les étapes de l'évolution des deux personnages principaux, qui sont la marche même de l'action, sont remarquablement analysées, et finalement cette vérité des notations psychologiques parvient le plus souvent à masquer la relative maladresse de la construction dramatique.

La satire sociale. — Il y a certainement plus, dans *la Double Inconstance*, qu'une comédie d'amour : il y a une ébauche de comédie de mœurs et souvent une satire très vive. La scène se passe dans une Cour, et Marivaux ne se fait pas faute de laisser apparaître son opinion. Il écrit cette comédie pendant la dernière année de la Régence, peu de temps après avoir été ruiné dans la banqueroute de Law ; il ne peut avoir ignoré la débauche éhontée du duc d'Orléans et de ses courtisans. Son Prince est l'antithèse exacte de ces roués, et l'on sait de reste que le salon de Mme de Lambert se piquait d'une politesse, d'une délicatesse de manières et de sentiments qui constituaient une nette réaction contre les mœurs du temps.

L'honnête homme ruiné — contraint de publier un journal pour vivre — ne peut non plus ignorer les fortunes que certains nobles, dont le duc de Bourbon, surent édifier sur la faillite de la banque Law, et c'est le bon sens de Marivaux, peut-être aussi une forme de son orgueil, qui font faire à Arlequin le procès de la richesse inutile. A quoi bon plusieurs maisons, quand on n'en peut habiter qu'une ? des carrosses quand on peut marcher ? des meubles luxueux quand une douzaine de chaises de paille, un bon lit et une bonne table suffisent à un homme ? Encore si la richesse n'était qu'inutile ! mais elle est nuisible : les nobles feraient mieux de travailler et de rendre aux laboureurs des chevaux dont ceux-ci auraient grand besoin.

Quant à l'« honneur » dont se targuent les gentilshommes, qui se mesure au nombre des laquais qui les suivent, leur permet de donner des coups de bâton impunément et les contraint à se faire tuer ou à tuer pour une insulte, Arlequin n'en veut pas : « Mon honneur n'est pas fait pour être noble; il est trop raisonnable pour cela. »

Si même le Prince reste, ici, un modèle d'honnête homme, il n'est qu'un homme : qu'on ait des États ou non, « on n'en tient pas plus de place et cela ne rend ni plus beau ni plus laid ».

Toutes ces remarques d'Arlequin — et d'autres encore — sont trop nombreuses, trop significatives pour n'être pas concertées. Elles ne doivent pas étonner chez Marivaux. Tout au long de son œuvre théâtrale, on le voit ainsi aborder, sans insister outre mesure, les problèmes sociaux les plus graves. Le danger n'est que de se laisser prendre à cet air d'urbanité de ses comédies pour ne pas voir leurs résonances profondes. Et s'il n'est pas un « philosophe » au sens où on le dira trente ans plus tard, il n'en réclame pas moins le titre, comme en témoignent ses journaux : *l'Indigent philosophe* (1728) et *le Cabinet du philosophe* (1734), et la philosophie, pour lui, c'est un regard aigu et critique sur les vices individuels et sociaux de son temps.

Les caractères. — Porteur de la pensée de Marivaux, Arlequin n'en est pas moins un véritable personnage de théâtre, vivant et complexe. Il garde ici, comme dans *Arlequin poli par l'amour*, certains des traits traditionnels du personnage, la gourmandise entre autres. Il conserve aussi l'« emploi » — que Marivaux lui a donné — d'amoureux, mais nullement d'un amoureux conventionnel. Il aime à sa façon de brave paysan à la fois naïf et finaud, capable de faire rire et d'émouvoir, capable de plaire non plus seulement à une bergère comme Silvia ou à une soubrette comme Colombine (dans *la Surprise de l'amour*), mais à une grande dame de la cour, Flaminia.

A ce titre, *la Double Inconstance* consacre également la promotion de Thomassin au rang de grand acteur et non plus de bouffon secondaire.

Une évolution analogue intéresse le personnage de Silvia, qui devient la « première amoureuse » au lieu et place de Flaminia. Sans doute, dans *la Surprise de l'amour*, Marivaux avait donné le rôle de la comtesse à Gianetta Rosa Benozzi, mais c'est ici que, sous le nom de Silvia elle détrône pour la première fois sa cousine et rivale; sous son nom de Flaminia, et il semble bien que Marivaux ait particulièrement soigné le rôle où devait s'illustrer son interprète favorite; toutes les nuances de sentiment qui vont faire passer Silvia d'un amour à un autre sont finement distinguées : sa colère de se voir séparée d'Arlequin et son inquiétude pour lui (I, I), sa joie naïve de le revoir (I, XII); puis sa volonté d'être fidèle que combat déjà en elle la tentation de céder au bel officier, sa tristesse de ne pouvoir aimer celui-ci, son dépit de se voir méprisée par les dames de la cour (II, I), son désir de se venger, qu'elle ne peut concilier avec ses bonnes résolutions, et sa perplexité; sa froideur naissante pour un Arlequin qui la délaisse (II, XI), sa crainte de désespérer à jamais l'officier (II, XII), et brusquement la découverte qu'elle n'aime plus Arlequin, la parfaite désinvolture avec laquelle elle le constate : « Lorsque je l'ai aimé, c'était un amour qui m'était venu ; à cette heure je ne l'aime plus, c'est un amour qui s'en est allé ; il est venu sans mon avis, il s'en retourne de même ; je ne crois pas être blâmable. » (III, VII.)

De cette conception — racinienne — d'un amour tout-puissant, Marivaux a su tirer des effets particulièrement délicats par la discrétion avec laquelle, dans son personnage de Silvia, il a su ménager les transitions. Les « tourments » de Silvia, les contradictions où son cœur se débat élèvent singulièrement le ton de la comédie, tout en lui conservant sa grâce et son charme.

Flaminia est également une très grande réussite psychologique. Le personnage aurait pu être odieux, ou inquiétant — à la manière de Dubois des *Fausses Confidences* —, il est sauvé par sa sincérité. La meneuse de jeu se prend à son propre jeu, mais du cynisme des premières scènes (I, II et VIII) à sa conversion finale à l'amour d'Arlequin (III, VIII), les étapes sont loin d'être aussi bien ménagées que pour les personnages principaux. Chez elle, c'est plus la tête que le cœur qui commande, mais elle accepte de bonne grâce la « défaite » de celui-ci, qui accompagne la victoire de celle-là. Ici, encore, l'habileté de l'auteur est grande d'avoir opposé dans un plaisant contraste deux figures de femmes rivales.

Le Prince est plus fade, et son amour languissant le fait trop ressembler aux mourants d'amour de la préciosité. Même sa grande scène avec Arlequin (III, V) n'est guère à son avantage ; il ne sait que s'attendrir de façon un peu mièvre, mais il fallait ici éviter un écueil : un Prince trop autoritaire, trop tyrannique aurait été antipathique et le propos de Marivaux l'interdisait.

Enfin, comme à son ordinaire, l'auteur n'a pas dédaigné ses personnages secondaires : Lisette, qui ne sait qu'être coquette et s'irrite de ne pas plaire, et le Seigneur, qui ne sait pas convaincre Arlequin de la dignité de sa noblesse sont de charmantes esquisses. Mais surtout le personnage de Trivelin est haut en relief : courtisan sans intelligence ni dignité, il est absolument insensible au simple bon sens d'Arlequin ; tout à la fois orgueilleux et servile, stupide et rusé, il est une très dure caricature de l'homme de cour, et, à ce titre, il préfigure déjà, mais dans le comique, ce que sera par exemple, avec plus de vigueur et plus de profondeur — dans le genre sérieux et même « héroïque » —, le Frédéric du *Prince travesti*.

Les sources. — Il est vain de chercher des sources à Marivaux. Quelques analogies entre certaines de ses comédies et des comédies antérieures ont pu être trouvées par des chercheurs ; elles n'apportent pas grand-chose de concluant[1]. Une exigence, en tout cas, s'impose à lui, qui décide du cadre général de la comédie : la composition même de la troupe pour laquelle Marivaux écrit; il lui faut en principe deux couples d'amoureux — ici la répartition des emplois n'est pas absolument conforme aux exigences des Italiens, puisque le titulaire du rôle de second amoureux, Antoine Baletti, dit Mario, est détrôné au profit d'Arlequin-Thomassin —, une soubrette et un ou plusieurs zanni.

La langue et le style. — Depuis que Voltaire a qualifié avec un certain mépris Marivaux de «néologue[2]» et fait de lui le type même de l'auteur précieux, cette double réputation poursuit Marivaux. A le lire de près et à comparer sa langue à celle des autres écrivains de son époque, on constate au contraire que s'il n'est pas toujours d'accord avec les prescriptions des grammairiens et de l'Académie (en vocabulaire et en syntaxe), ce n'est pas par un singulier parti pris de néologie ou de préciosité. Très souvent, on peut le prendre en flagrant délit d'archaïsme et de familiarité. Ce qui frappe surtout, et particulièrement dans *la Double Inconstance*, c'est la variété de sa prose : ses amoureux « distingués » (Le Prince ou Flaminia) ne parlent pas du tout comme ses « paysans »; et s'il n'a pas ici comme souvent noté les déformations de leur prononciation et leurs fautes de grammaire — sans doute à cause de l'importance de leurs rôles —, il s'efforce de donner à Silvia et surtout à Arlequin un langage plus simple, plus direct, moins recherché que celui des nobles, plus au fait des bonnes manières. L'autre qualité essentielle de sa langue est sa précision et sa souplesse; elle dit tout clairement et en peu de mots, explicitant parfaitement les plus infimes nuances de sentiment; enfin, dite par de bons acteurs, car ces qualités mêmes la rendent difficile à interpréter, sa prose est une des plus belles proses de théâtre qui se puissent imaginer. Sans effets marqués, sans mots d'auteur recherchés, elle porte admirablement, tour à tour comique ou tendre, mais toujours mesurée et juste.

1. X. de Courville signale une comédie italienne mêlée de scènes françaises, *l'Amant prêté* (créé le 19 septembre 1720), dans laquelle « Flaminia aime Lélio, en est aimée, mais dans la crainte de ne l'être pas assez veut le rendre jaloux en empruntant à Silvia son amoureux Mario la galanterie qui devait être une feinte devient réalité : Flaminia épouse Mario; Lélio console Silvia » (*Luigi Riccoboni, dit Lélio*, tome II, p. 245. Paris, Droz, 1945); 2. Lettre au marquis de Villette, juin 1765.

BIBLIOGRAPHIE SOMMAIRE

I. ÉDITION DU THÉÂTRE DE MARIVAUX.

La meilleure édition a été procurée par MM. Jean Fournier et Maurice Bastide (Paris, Éditions nationales, « les Classiques verts », 1946, 2 vol.) sous le titre : *Théâtre complet de Marivaux*. Elle comprend toutes les comédies jouées et publiées, dans le texte de l'édition originale, avec les variantes, y compris le prologue de *l'Amour et la Vérité*, une « reconstitution » de *la Femme fidèle*, dont on n'a conservé que la copie de quatre rôles sur huit, les scènes du *Chemin de la fortune* (extraites du *Cabinet du philosophe*) et *la Provinciale* (dont l'attribution à Marivaux est contestée), ainsi que les paroles et la musique des divertissements de J.-J. Mouret.

II. OUVRAGES À CONSULTER.

Sur Marivaux :

G. LARROUMET : *Marivaux, sa vie et ses œuvres* (Paris, Hachette, 1882).

P. TRAHARD : *les Maîtres de la sensibilité au XVIIIe siècle* (tome Ier) [Paris, Boivin, 1931].

M.-J. DURRY : *Quelques Nouveautés sur Marivaux* (Paris, Boivin, 1939).

Claude ROY : *Lire Marivaux* (La Baconnière, M. L. F., 1947).

Marcel ARLAND : *Marivaux* (Paris, N. R. F., 1950).

Paul GAZAGNE : *Marivaux par lui-même* (Paris, Éd. du Seuil, 1954).

Frédéric DELOFFRE : *Une préciosité nouvelle : Marivaux et le marivaudage* (étude de langue et de style, Paris, Belles-Lettres, 1955).

Sur les comédiens italiens :

Xavier DE COURVILLE : *Un apôtre de l'art du théâtre au XVIIe siècle : Luigi Riccoboni, dit Lélio* (Paris, Droz, 1942-1945, 2 vol.). Tome II.

Notes et souvenirs sur le théâtre italien au XVIIIe siècle, de Thomas-Simon Gueullette, publiés par J.-E. Gueullette (Paris, Droz, 1938).

DÉDICACE[1]

À MADAME LA MARQUISE DE PRIE[2].

MADAME,

On ne verra point ici ce tas d'éloges dont les épîtres dédicatoires sont ordinairement chargées; à quoi servent-ils? Le peu de cas que le public en fait devrait en corriger ceux qui les donnent et en dégoûter ceux qui les reçoivent. Je serais pourtant tenté de vous louer d'une chose, Madame, et c'est d'avoir véritablement craint que je ne vous louasse; mais ce seul éloge que je vous donnerais, il est si distingué qu'il aurait ici tout l'air d'un présent de flatteur, surtout s'adressant à une dame de votre âge, à qui la nature n'a rien épargné de tout ce qui peut inviter l'amour-propre à n'être point modeste. J'en reviens donc, Madame, au seul motif que j'ai eu en vous offrant ce petit ouvrage; c'est de vous remercier du plaisir que vous y avez pris, ou plutôt de la vanité que vous m'avez donnée, quand vous m'avez dit qu'il vous avait plu. Vous dirai-je tout? Je suis charmé d'apprendre à toutes les personnes de goût qu'il a votre suffrage; en vous disant cela, je vous proteste que je n'ai nul dessein de louer votre esprit; c'est seulement vous avouer que je pense aux intérêts du mien. Je suis avec un profond respect,

Madame,

votre très humble et très obéissant serviteur.

D. M.

1. Marivaux fait très rarement précéder ses ouvrages de dédicaces, avertissements ou préfaces : une autre dédicace pour la *Seconde Surprise de l'amour*, une préface pour *l'Ile de la raison*, un avertissement pour le *Triomphe de Plutus* et *les Serments indiscrets* ; 2. *Jeanne-Agnès Berthelot de Pléneuf, marquise de Prie* (1698-1727), était la maîtresse du duc de Bourbon, Premier ministre depuis décembre 1723. Au moment de la publication de *la Double Inconstance* (1724), elle était donc particulièrement puissante.

PERSONNAGES[1]

LE PRINCE.

UN SEIGNEUR.

FLAMINIA, fille d'un domestique[2] du Prince.

LISETTE, sœur de Flaminia.

SILVIA, aimée du Prince et d'Arlequin.

ARLEQUIN.

TRIVELIN, officier du palais.

DES LAQUAIS.

DES FILLES DE CHAMBRE.

La scène est dans le palais du Prince.

---

1. Pour la distribution, cf. Notice, pp. 8 et 9; le *Mercure* d'avril 1723 présente ainsi la liste des acteurs :

« Lélio, Roy ou Prince de ..., amant de Silvia;
« Silvia, villageoise, amoureuse d'Arlequin;
« Arlequin, villageois, amoureux de Silvia;
« Flaminia, dame de la cour de Lélio, etc. »

2. Ce terme s'applique même à des gentilshommes, à l'époque. Cf. II, VIII : Flaminia est dite « fille d'un des officiers du roi. »

LA DOUBLE INCONSTANCE

ACTE PREMIER

SCÈNE PREMIÈRE. — SILVIA, TRIVELIN *et quelques femmes à la suite de Silvia.*
(Silvia paraît sortir comme fâchée.)

TRIVELIN. — Mais, Madame, écoutez-moi.

SILVIA. — Vous m'ennuyez.

TRIVELIN. — Ne faut-il pas être raisonnable?

SILVIA, *impatientée.* — Non, il ne faut pas l'être, et je ne la[1] serai point.

TRIVELIN. — Cependant...

SILVIA, *avec colère.* — Cependant, je ne veux point avoir de raison; et quand vous recommenceriez cinquante fois votre *cependant*, je n'en veux point avoir : que ferez-vous là?

TRIVELIN. — Vous avez soupé hier si légèrement, que vous serez malade si vous ne prenez rien ce matin.

SILVIA. — Et moi, je hais la santé, et je suis bien aise d'être malade. Ainsi, vous n'avez qu'à renvoyer tout ce qu'on m'apporte; car je ne veux aujourd'hui ni déjeuner, ni dîner, ni souper; demain la même chose; je ne veux qu'être fâchée, vous haïr tous tant que vous êtes, jusqu'à ce que j'aie vu Arlequin, dont on m'a séparée. Voilà mes petites résolutions, et si vous voulez que je devienne folle, vous n'avez qu'à me prêcher d'être plus raisonnable. Cela sera bientôt fait.

TRIVELIN. — Ma foi, je ne m'y jouerai pas[2], je vois bien que vous me tiendriez parole. Si j'osais cependant...

SILVIA, *plus en colère.* — Eh bien! ne voilà-t-il pas encore un *cependant*?

TRIVELIN. — En vérité, je vous demande pardon, celui-là m'est échappé[3], mais je n'en dirai plus, je me corrigerai; je vous prierai seulement de considérer...

---

1. Cf. p. 35, note 1; 2. *S'y jouer :* « on dit *ne vous jouez pas* pour dire ne soyez pas si fou que de faire cela, vous vous en repentiriez » (*Acad.*, 1694); 3. *Echapper*, conjugué avec l'auxiliaire *être*, a le sens précis d'échapper à l'attention *par inadvertance*, selon Féraud (*Dict. gramm. de la langue française*, 1761).

SILVIA. — Oh! vous ne vous corrigez pas; voilà des considérations qui ne me conviennent point non plus.

TRIVELIN, *continuant*. — ... que c'est votre Souverain qui vous aime.

SILVIA. — Je ne l'empêche pas, il est le maître; mais faut-il que je l'aime, moi? Non; et il ne le faut pas, parce que je ne le puis pas : cela va tout seul, un enfant le verrait, et vous ne le voyez pas.

TRIVELIN. — Songez que c'est sur vous qu'il fait tomber le choix qu'il doit faire d'une épouse entre[1] ses sujettes.

SILVIA. — Qui est-ce qui lui a dit de me choisir? M'a-t-il demandé mon avis? S'il m'avait dit : « Me voulez-vous, Silvia? », je lui aurais répondu : « Non, Seigneur; il faut qu'une honnête femme aime son mari, et je ne pourrais pas vous aimer. » Voilà la pure raison, cela; mais point du tout, il m'aime, crac, il m'enlève, sans me demander si je le trouverai bon.

TRIVELIN. — Il ne vous enlève que pour vous donner la main[2].

SILVIA. — Eh! que veut-il que je fasse de cette main, si je n'ai pas envie d'avancer la mienne pour la prendre? Force-t-on les gens à recevoir des présents malgré eux?

TRIVELIN. — Voyez, depuis deux jours que vous êtes ici, comment il vous traite : n'êtes-vous pas déjà servie comme si vous étiez sa femme? Voyez les honneurs qu'il vous fait rendre, le nombre de femmes qui sont à votre suite, les amusements qu'on tâche de vous procurer par ses ordres. Qu'est-ce qu'Arlequin au prix d'un Prince plein d'égards, qui ne veut pas même se montrer qu'on ne vous ait disposée à le voir? D'un Prince jeune, aimable et rempli d'amour, car vous le trouverez tel? Eh! Madame, ouvrez les yeux, voyez votre fortune, et profitez de ses faveurs.

SILVIA. — Dites-moi, vous et toutes celles qui me parlent, vous a-t-on mis avec moi, vous a-t-on payés pour m'impatienter, pour me tenir des discours qui n'ont pas le sens commun, qui me font pitié?

---

1. *Entre*. Cet emploi de *entre* au lieu de « parmi » est critiqué par l'Académie et les grammairiens; 2. *Donner la main*, au sens d'épouser: cf. « On leur donne la main dès qu'ils offrent le cœur » (Corneille, *Mélite*, II, IV).

TRIVELIN. — Oh! parbleu! je n'en sais pas davantage; voilà tout l'esprit que j'ai.

SILVIA. — Sur ce pied-là, vous seriez tout aussi avancé de n'en point avoir du tout.

TRIVELIN. — Mais encore, daignez, s'il vous plaît, me dire en quoi je me trompe.

SILVIA, *en se tournant vivement de son côté.* — Oui, je vais vous le dire en quoi, oui...

TRIVELIN. — Eh! doucement, Madame! Mon dessein n'est pas de vous fâcher.

SILVIA. — Vous êtes donc bien maladroit!

TRIVELIN. — Je suis votre serviteur.

SILVIA. — Eh bien! mon serviteur, qui me vantez tant les honneurs que j'ai ici, qu'ai-je affaire de ces quatre ou cinq fainéantes qui m'espionnent toujours? On m'ôte mon amant, et on me rend des femmes à la place; ne voilà-t-il pas un beau dédommagement? Et on veut que je sois heureuse avec cela! Que m'importe toute cette musique, ces concerts et cette danse dont on croit me régaler? Arlequin chantait mieux que tout cela, et j'aime mieux danser moi-même que de voir danser les autres, entendez-vous? Une bourgeoise contente dans un petit village, vaut mieux qu'une princesse qui pleure dans un bel appartement. Si le Prince est si tendre, ce n'est pas ma faute; je n'ai pas été le chercher; pourquoi m'a-t-il vue? S'il est jeune et aimable, tant mieux pour lui; j'en suis bien aise. Qu'il garde tout cela pour ses pareils, et qu'il me laisse mon pauvre Arlequin, qui n'est pas plus gros monsieur que je suis grosse dame, pas plus riche que moi, pas plus glorieux que moi, pas mieux logé; qui m'aime sans façon, que j'aime de même, et que je mourrai de chagrin[1] de ne pas voir. Hélas! le pauvre enfant, qu'en aura-t-on fait? Qu'est-il devenu? Il se désespère quelque part, j'en suis sûre; car il a le cœur si bon! Peut-être aussi qu'[2]on le maltraite... *(Elle se dérange de sa place.)* Je suis outrée; tenez, voulez-vous me faire un plaisir?

---

1. « Elle (Silvia) est si vive dans sa passion qu'elle proteste de se donner la mort si on ne lui rend pas son fidèle amant, pour qui seul elle est capable de brûler d'un amour qui durera autant que sa vie », dit le compte rendu du *Mercure* (avril 1723); 2. *Peut-être que* : ce tour se substitue de plus en plus à *peut-être*.

Otez-vous de là, je ne puis vous souffrir; laissez-moi m'affliger en repos.

TRIVELIN. — Le compliment est court, mais il est net; tranquillisez-vous pourtant, Madame.

SILVIA. — Sortez sans me répondre, cela vaudra mieux.

TRIVELIN. — Encore une fois, calmez-vous. Vous voulez Arlequin, il viendra incessamment[1]; on est allé le chercher.

SILVIA, *avec un soupir*. — Je le verrai donc?

TRIVELIN. — Et vous lui parlerez aussi.

SILVIA, *s'en allant*. — Je vais l'attendre; mais si vous me trompez, je ne veux plus ni voir ni entendre personne.
(Pendant qu'elle sort, le Prince et Flaminia entrent d'un autre côté et la regardent sortir.)

Scène II. — LE PRINCE, FLAMINIA, TRIVELIN.

LE PRINCE, *à Trivelin*. — Eh bien! as-tu quelque espérance à me donner? Que dit-elle?

TRIVELIN. — Ce qu'elle dit, Seigneur, ma foi, ce n'est pas la peine de le répéter; il n'y a rien encore qui mérite votre curiosité.

LE PRINCE. — N'importe; dis toujours.

TRIVELIN. — Eh non, Seigneur; ce sont de petites bagatelles dont le récit vous ennuierait; tendresse pour Arlequin, impatience de le rejoindre, nulle envie de vous connaître, désir violent de ne vous point voir, et force haine pour nous : voilà l'abrégé de ses dispositions. Vous voyez bien que cela n'est point réjouissant; et franchement, si j'osais dire ma pensée, le meilleur serait de la remettre où on l'a prise. *(Le Prince rêve tristement.)*

FLAMINIA. — J'ai déjà dit la même chose au Prince; mais cela est inutile. Aussi continuons, et ne songeons qu'à détruire l'amour de Silvia pour Arlequin.

TRIVELIN. — Mon sentiment à moi est qu'il y a quelque chose d'extraordinaire dans cette fille-là; refuser ce qu'elle refuse, cela n'est point naturel; ce n'est point là une femme,

1. *Incessamment* : perd son sens de « sans cesse » pour celui de « bientôt ».

voyez-vous; c'est quelque créature d'une espèce à nous inconnue. Avec une femme nous irions notre train; celle-ci nous arrête; cela nous avertit d'un prodige; n'allons pas plus loin.

LE PRINCE. — Et c'est ce prodige qui augmente encore l'amour que j'ai conçu pour elle.

FLAMINIA, *en riant.* — Eh! Seigneur, ne l'écoutez pas avec son prodige, cela est bon dans un conte de fée; je connais mon sexe : il n'a rien de prodigieux que sa coquetterie. Du côté de l'ambition, Silvia n'est point en prise[1]; mais elle a un cœur, et par conséquent de la vanité; avec cela, je saurai bien la ranger à son devoir de femme. Est-on allé chercher Arlequin?

TRIVELIN. — Oui, je l'attends.

LE PRINCE, *d'un air inquiet.* — Je vous avoue, Flaminia, que nous risquons beaucoup à lui montrer son amant : sa tendresse pour lui n'en deviendra que plus forte.

TRIVELIN. — Oui; mais, si elle ne[2] le voit, l'esprit lui tournera, j'en ai sa parole.

FLAMINIA. — Seigneur, je vous ai déjà dit qu'Arlequin nous était nécessaire.

LE PRINCE. — Oui, qu'on l'arrête autant qu'on pourra : vous pouvez lui promettre que je le comblerai de biens et de faveurs, s'il veut en épouser une autre que sa maîtresse.

TRIVELIN. — Il n'y a qu'à réduire ce drôle-là, s'il ne veut pas.

LE PRINCE. — Non; la loi qui veut que j'épouse une de mes sujettes, me défend d'user de violence contre qui que ce soit[3].

FLAMINIA. — Vous avez raison. Soyez tranquille, j'espère que tout se fera à l'amiable; Silvia vous connaît déjà, sans savoir que vous êtes le Prince, n'est-il[4] pas vrai?

LE PRINCE. — Je vous ai dit qu'un jour à la chasse, écarté de ma troupe, je la rencontrai près de sa maison; j'avais

---

1. *Être en prise* : « être exposée » (*Acad.*, 1694); **2.** *Ne.* Malgré les grammairiens, Marivaux conserve l'ancien tour : « S'il faut qu'à vos projets la suite *ne* réponde » (Corneille, *le Menteur*, II, 1, 7); cf. « Si ce que je sens *n'*est de l'amour » (*le Paysan parvenu*, VII); **3.** Discrète critique des abus de pouvoir des princes; **4.** *Il* pour « cela » est jugé comme incorrect par l'Académie.

soif, elle alla me chercher à boire : je fus enchanté de sa
beauté et de sa simplicité, et je lui en fis l'aveu. Je l'ai vue
cinq ou six fois de la même manière, comme[1] simple officier
du palais ; mais, quoiqu'elle m'ait traité avec beaucoup de
douceur, je n'ai jamais pu la faire renoncer à Arlequin,
qui m'a surpris deux fois avec elle.

FLAMINIA. — Il faut mettre à profit l'ignorance où elle
est de votre rang. On l'a déjà prévenue que vous ne la verriez
pas sitôt ; je me charge du reste, pourvu que vous vouliez
bien agir comme je voudrai.

LE PRINCE. — J'y consens. Si vous m'acquérez le cœur de
Silvia, il n'est rien que vous ne deviez attendre de ma
reconnaissance. *(Il sort.)*

FLAMINIA. — Toi, Trivelin, va-t'en dire à ma sœur qu'elle
tarde trop à venir.

TRIVELIN. — Il n'est pas besoin, la voilà qui entre. Adieu,
je vais au-devant d'Arlequin.

SCÈNE III. — LISETTE, FLAMINIA.

LISETTE. — Je viens recevoir tes ordres : que me veux-tu ?

FLAMINIA. — Approche un peu, que je te regarde.

LISETTE. — Tiens, vois à ton aise.

FLAMINIA, *après l'avoir regardée*. — Oui-da, tu es jolie
aujourd'hui.

LISETTE, *en riant*. — Je le sais bien ; mais qu'est-ce que
cela te fait ?

FLAMINIA. — Ote cette mouche galante que tu as là.

LISETTE, *refusant*. — Je ne saurais, mon miroir me l'a
recommandée.

FLAMINIA. — Il le faut, te dis-je.

LISETTE, *en tirant sa boîte à miroir et ôtant la mouche*. —
Quel meurtre ! Pourquoi persécutes-tu ma mouche ?

FLAMINIA. — J'ai mes raisons pour cela. Or ça, Lisette,
tu es grande et bien faite.

1. *Comme* avec le sens de « en qualité de » est considéré comme vieilli.

LISETTE. — C'est le sentiment de bien des gens.

FLAMINIA. — Tu aimes à plaire ?

LISETTE. — C'est mon faible.

FLAMINIA. — Saurais-tu, avec une adresse naïve et modeste, inspirer un tendre penchant à quelqu'un, en lui témoignant d'en avoir pour lui, et le tout pour une bonne fin ?

LISETTE. — Mais j'en reviens à ma mouche : elle me paraît nécessaire à l'expédition que tu me proposes.

FLAMINIA. — N'oublieras-tu jamais ta mouche ? Non, elle n'est pas nécessaire : il s'agit ici d'un homme simple, d'un villageois[1] sans expérience, qui s'imagine que nous autres femmes d'ici sommes obligées d'être aussi modestes que les femmes de son village. Oh ! la modestie de ces femmes-là n'est pas faite comme la nôtre ; nous avons des dispenses qui le scandaliseraient. Ainsi, ne regrette plus ces mouches, et mets-en la valeur dans tes manières ; c'est de ces manières que je te parle. Je te demande si tu sauras les avoir comme il faut ? Voyons, que lui diras-tu ?

LISETTE. — Mais, je lui dirai... Que lui dirais-tu, toi ?

FLAMINIA. — Écoute-moi, point d'air coquet d'abord. Par exemple, on voit dans ta petite contenance un dessein de plaire ; oh ! il faut en effacer cela. Tu mets je ne sais quoi d'étourdi et de vif dans ton geste ; quelquefois c'est du nonchalant, du tendre, du mignard ; tes yeux veulent être fripons, veulent attendrir, veulent frapper, font mille singeries[2] ; ta tête est légère ; ton menton porte au vent[3] ; tu cours après un air jeune, galant et dissipé. Parles-tu aux gens, leur réponds-tu, tu prends de certains tons, tu te sers d'un certain langage, et le tout finement relevé de saillies folles. Oh ! toutes ces petites impertinences-là sont très jolies dans une fille du monde ; il est décidé que ce sont des grâces ; le cœur des hommes s'est tourné comme cela, voilà qui est fini. Mais ici il faut, s'il te plaît, faire main-basse sur tous ces agréments-là : le petit homme[4] en question ne les approuverait point ; il n'a pas le goût si fort, lui. Tiens,

---

1. Indication précise sur le personnage d'Arlequin ; cf. plus haut : Silvia se qualifiait de *bourgeoise* ; 2. *Singeries*, au sens figuré, est un néologisme ; 3. *Porter au vent* : avoir l'air dédaigneux ; cf. « Ils portent au vent, attelés tous deux au char de la Fortune » (La Bruyère, VIII, 19) ; l'expression s'applique au sens propre aux chevaux qui « portent la tête haute sans la ramener » ; 4. Thomassin, qui jouait Arlequin, était « petit mais bien fait ».

c'est tout comme un homme qui n'aurait jamais bu que de belles eaux bien claires : le vin ou l'eau-de-vie ne lui plairaient pas.

LISETTE, *étonnée*. — Mais, de la façon dont tu arranges mes agréments, je ne les trouve pas si[1] jolis que tu dis.

FLAMINIA, *d'un air naïf*. — Bon! c'est que je les examine, moi : voilà pourquoi ils deviennent ridicules; mais tu es en sûreté de la part des hommes.

LISETTE. — Que mettrai-je donc à la place de ces impertinences que j'ai ?

FLAMINIA. — Rien! tu laisseras aller tes regards comme ils iraient, si ta coquetterie les laissait en repos; ta tête comme elle se tiendrait, si tu ne songeais pas à lui donner des airs évaporés; et ta contenance tout comme elle est quand personne ne te regarde. Pour essayer, donne-moi quelque échantillon de ton savoir-faire, regarde-moi d'un air ingénu.

LISETTE, *se tournant*. — Tiens, ce regard-là est-il bon ?

FLAMINIA. — Hum! il a encore besoin de quelque correction.

LISETTE. — Oh! dame[2]! veux-tu que je te dise? Tu n'es qu'une femme; est-ce que cela anime? Laissons cela, car tu m'emporterais la fleur de mon rôle. C'est pour Arlequin, n'est-ce pas ?

FLAMINIA. — Pour lui-même.

LISETTE. — Mais, le pauvre garçon! si je ne l'aime pas, je le tromperai. Je suis fille d'honneur, et je m'en fais un scrupule.

FLAMINIA. — S'il vient à t'aimer, tu l'épouseras et cela fera ta fortune. As-tu encore des scrupules? Tu n'es, non plus que[3] moi, que la fille d'un domestique du Prince, et tu deviendras grande dame.

LISETTE. — Oh! voilà ma conscience en repos; et, en ce cas-là, si je l'épouse, il n'est pas nécessaire que je l'aime. Adieu! tu n'as qu'à m'avertir quand il sera temps de commencer.

---

1. *Si*. « Il est aussi comparatif et signifie *aussi, autant :* il n'est pas si riche que vous » (*Acad.*, 1694); 2. *Dame :* « espèce d'adverbe qui sert à affirmer... ; il est bas » (*Acad.*, 1694); 3. *Non plus que :* tour vieilli, selon Féraud, mais encore d'usage courant.

FLAMINIA. — Je me retire aussi, car voilà Arlequin qu'on amène.

SCÈNE IV. — ARLEQUIN, TRIVELIN.
(Arlequin regarde Trivelin et tout l'appartement avec étonnement.)

TRIVELIN. — Eh bien! seigneur Arlequin, comment vous trouvez-vous ici? *(Arlequin ne dit mot.)* N'est-il pas vrai que voilà une belle maison.

ARLEQUIN. — Que diantre! qu'est-ce que cette maison-là et moi avons affaire ensemble? Qu'est-ce que c'est que vous? Que me voulez-vous? Où allons-nous?

TRIVELIN. — Je suis un honnête homme, à présent votre domestique; je ne veux que vous servir, et nous n'allons pas plus loin.

ARLEQUIN. — Honnête homme ou fripon, je n'ai que faire de vous; je vous donne votre congé, et je m'en retourne.

TRIVELIN, *l'arrêtant.* — Doucement!

ARLEQUIN. — Parlez donc; hé, vous êtes bien impertinent d'arrêter votre maître!

TRIVELIN. — C'est un plus grand maître que vous qui vous a fait le mien.

ARLEQUIN. — Qui est donc cet original-là, qui me donne des valets malgré moi?

TRIVELIN. — Quand vous le connaîtrez, vous parlerez autrement. Expliquons-nous à présent.

ARLEQUIN. — Est-ce que nous avons quelque chose à nous dire?

TRIVELIN. — Oui, sur Silvia.

ARLEQUIN, *charmé, et vivement.* — Ah! Silvia! Hélas! je vous demande pardon; voyez ce que c'est, je ne savais pas que j'avais à vous parler.

TRIVELIN — Vous l'avez perdue depuis deux jours?

ARLEQUIN — Oui : des voleurs me l'ont dérobée.

TRIVELIN. — Ce ne sont pas des voleurs.

ARLEQUIN. — Enfin, si ce ne sont pas des voleurs, ce sont toujours des fripons.

TRIVELIN. — Je sais où elle est.

ARLEQUIN *charmé, et le caressant*. — Vous savez où elle est, mon ami, mon valet, mon maître, mon tout ce qu'il vous plaira? Que je suis fâché de n'être pas riche, je vous donnerais tous mes revenus pour gages. Dites, l'honnête homme, de quel côté faut-il tourner? Est-ce à droite, à gauche, ou tout devant moi?

TRIVELIN. — Vous la verrez ici.

ARLEQUIN, *charmé, et d'un air doux*. — Mais quand j'y songe, il faut que vous soyez bien bon, bien obligeant pour m'amener ici comme vous faites? O Silvia, chère enfant de mon âme, ma mie, je pleure de joie!

TRIVELIN, *à part les premiers mots*. — De la façon dont ce drôle-là prélude, il ne nous promet rien de bon. Écoutez, j'ai bien autre chose à vous dire.

ARLEQUIN, *le pressant*. — Allons d'abord voir Silvia; prenez pitié de mon impatience.

TRIVELIN. — Je vous dis que vous la verrez; mais il faut que je vous entretienne auparavant. Vous souvenez-vous d'un certain cavalier qui a rendu cinq ou six visites à Silvia, et que vous avez vu avec elle?

ARLEQUIN, *triste*. — Oui; il avait la mine d'un hypocrite.

TRIVELIN. — Cet homme-là a trouvé votre maîtresse fort aimable.

ARLEQUIN. — Pardi! il n'a rien trouvé de nouveau.

TRIVELIN. — Il en a fait au Prince un récit qui l'a enchanté.

ARLEQUIN. — Le babillard!

TRIVELIN. — Le Prince a voulu la voir, et a donné l'ordre qu'on l'amenât ici.

ARLEQUIN. — Mais il me la rendra, comme cela est juste?

TRIVELIN. — Hum! il y a une petite difficulté; il en est devenu amoureux et souhaiterait d'en être aimé à son tour.

ARLEQUIN. — Son tour ne peut pas venir; c'est moi qu'elle aime.

TRIVELIN. — Vous n'allez point au fait; écoutez jusqu'au bout.

ARLEQUIN, *haussant le ton*. — Mais le voilà, le bout : est-ce que l'on veut me chicaner mon bon droit ?

TRIVELIN. — Vous savez que le Prince doit se choisir une femme dans ses États ?

ARLEQUIN. — Je ne sais point cela; cela m'est inutile.

TRIVELIN. — Je vous l'apprends.

ARLEQUIN, *brusquement*. — Je ne me soucie pas de nouvelles.

TRIVELIN. — Silvia plaît donc au Prince, et il voudrait lui plaire avant que de[1] l'épouser. L'amour qu'elle a pour vous fait obstacle à celui qu'il tâche de lui donner pour lui.

ARLEQUIN. — Qu'il fasse donc l'amour ailleurs : car il n'aurait que la femme, moi j'aurais le cœur; il nous manquerait quelque chose à l'un et à l'autre, et nous serions tous trois mal à notre aise.

TRIVELIN. — Vous avez raison; mais ne voyez-vous pas que, si vous épousiez Silvia, le Prince resterait malheureux ?

ARLEQUIN, *après avoir rêvé*. — A la vérité, il serait d'abord un peu triste; mais il aura fait le devoir d'un brave homme, et cela console. Au lieu que, s'il l'épouse, il fera pleurer ce pauvre enfant[2]; je pleurerai aussi, moi; et il n'y aura que lui qui rira, et il n'y a pas de plaisir à rire tout seul.

TRIVELIN. — Seigneur Arlequin, croyez-moi, faites quelque chose pour votre maître; il ne peut se résoudre à quitter Silvia. Je vous dirai même qu'on lui a prédit l'aventure qui la lui a fait connaître, et qu'elle doit être sa femme; il faut que cela arrive; cela est écrit là-haut.

ARLEQUIN. — Là-haut on n'écrit pas de telles impertinences; pour marque de cela, si on avait prédit que je dois vous assommer, vous tuer par derrière, trouveriez-vous bon que j'accomplisse la prédiction ?

---

1. *Avant que de*. Cette construction tend, au XVIIIe siècle, à être remplacée par l'usage moderne *avant de*, mais reste fréquente; 2. *Enfant* reste souvent du masculin au XVIIIe siècle, même pour désigner une fille; cf. : « Floresta, votre fille, *l'enfant chéri* de votre cœur » (Beaumarchais, *la Mère coupable*, IV, XVIII); mais le féminin se trouve également.

TRIVELIN. — Non, vraiment! il ne faut jamais faire de mal à personne.

ARLEQUIN. — Eh bien! c'est ma mort qu'on a prédite; ainsi, c'est prédire rien[1] qui vaille, et dans tout cela, il n'y a que l'astrologue à pendre.

TRIVELIN. — Eh! morbleu, on ne prétend pas vous faire du mal; nous avons ici d'aimables filles; épousez-en une, vous y trouverez votre avantage.

ARLEQUIN. — Oui-da! que je me marie à une autre, afin de mettre Silvia en colère et qu'elle porte son amitié[2] ailleurs! Oh! oh! mon mignon[3], combien vous a-t-on donné pour m'attraper? Allez, mon fils, vous n'êtes qu'un butord[4]; gardez vos filles, nous ne nous accommoderons pas; vous êtes trop cher.

TRIVELIN. — Savez-vous bien que le mariage que je vous propose vous acquerra l'amitié du Prince?

ARLEQUIN. — Bon! mon ami ne serait pas seulement mon camarade[5].

TRIVELIN. — Mais les richesses que vous promet cette amitié...

ARLEQUIN. — On n'a que faire de toutes ces babioles-là, quand on se porte bien, qu'on a bon appétit et de quoi vivre.

TRIVELIN. — Vous ignorez le prix de ce que vous refusez.

ARLEQUIN, *d'un air négligent.* — C'est à cause de cela que je n'y perds rien.

TRIVELIN. — Maison à la ville, maison à la campagne.

ARLEQUIN. — Ah! que cela est beau! il n'y a qu'une chose qui m'embarrasse; qui est-ce qui habitera ma maison de ville quand je serai à ma maison de campagne?

TRIVELIN. — Parbleu! vos valets.

---

1. *Rien.* Sans négation, il est d'usage courant dans la langue classique; cf. : « La nuit à bien dormir et le jour à *rien* faire » (Boileau, *Satires*, II, 62); mais l'Académie réclame maintenant la négation; 2. *Amitié :* encore courant alors au sens de « amour »; 3. *Mignon*, d'après Mauvillon (*Traité du stile*, 1751), entre « dans le stile médiocre et dans le familier »; 4. *Butord :* orthographe constante chez Marivaux, qui emploie le féminin *butorde*, déjà utilisé par Molière (cf. *la Comtesse d'Escarbagnas*); 5. *Camarade :* « compagnon de mesme âge, mesme emploi, mesme façon de vivre [...] ce mot ne se dit guère qu'entre soldats, enfants, escoliers, valets ou gens de basse condition » (*Acad.*, 1694).

ARLEQUIN. — Mes valets! Qu'ai-je besoin de faire fortune pour ces canailles-là? Je ne pourrai donc pas les habiter toutes à la fois?

TRIVELIN, *riant.* — Non, que je pense; vous ne serez pas en deux endroits en même temps.

ARLEQUIN. — Eh bien! innocent que vous êtes, si je n'ai pas ce secret-là, il est inutile d'avoir deux maisons.

TRIVELIN. — Quand il vous plaira, vous irez de l'une à l'autre.

ARLEQUIN. — A ce compte, je donnerai donc ma maîtresse pour avoir le plaisir de déménager souvent?

TRIVELIN. — Mais rien ne vous touche; vous êtes bien étrange! Cependant tout le monde est charmé d'avoir de grands appartements, nombre de domestiques...

ARLEQUIN. — Il ne me faut qu'une chambre; je n'aime point à nourrir des fainéants, et je ne trouverai point de valet plus fidèle, plus affectionné à mon service que moi.

TRIVELIN. — Je conviens que vous ne serez point en danger de mettre ce domestique-là dehors; mais ne seriez-vous pas sensible au plaisir d'avoir un bon équipage, un bon carrosse, sans parler de l'agrément d'être meublé superbement?

ARLEQUIN. — Vous êtes un grand nigaud, mon ami, de faire entrer Silvia en comparaison avec des meubles, un carrosse et des chevaux qui le traînent! Dites-moi, fait-on autre chose dans sa maison que s'asseoir, prendre ses repas et se coucher? Eh bien! avec un bon lit, une bonne table, une douzaine de chaises de paille, ne suis-je pas bien meublé? N'ai-je pas toutes mes commodités? Oh! mais je n'ai point de carrosse! Eh bien, je ne verserai point. *(En montrant ses jambes.)* Ne voilà-t-il pas un équipage que ma mère m'a donné? N'est-ce pas de bonnes jambes? Eh! morbleu, il n'y a pas de raison à vous[1] d'avoir une autre voiture que la mienne. Alerte, alerte, paresseux; laissez vos chevaux à tant d'honnêtes laboureurs qui n'en ont point; cela nous fera du pain; vous marcherez, et vous n'aurez pas les gouttes[2].

---

1. *Il n'y a pas de raison à vous de...* : vous êtes fou de...; 2. *Les gouttes :* la goutte. On pensait en effet, alors, que cette maladie était produite par des gouttes d'humeur viciée répandues dans les articulations; mais, dès le XVIIe siècle, on dit déjà « la goutte ».

TRIVELIN. — Têtubleu, vous êtes vif! Si l'on vous en croyait, on ne pourrait fournir les hommes de souliers.

ARLEQUIN, *brusquement*. — Ils porteraient des sabots. Mais je commence à m'ennuyer de tous vos contes; vous m'avez promis de me montrer Silvia; un honnête homme n'a que sa parole.

TRIVELIN. — Un moment; vous ne vous souciez ni d'honneurs, ni de richesses, ni de belles maisons, ni de magnificence, ni de crédit, ni d'équipages...

ARLEQUIN. — Il n'y a pas là pour un sol de bonne marchandise.

TRIVELIN. — La bonne chère vous tenterait-elle? Une cave remplie de vins exquis vous plairait-elle? Seriez-vous bien aise d'avoir un cuisinier qui vous apprêtât délicatement à manger, et en abondance? Imaginez-vous ce qu'il y a de meilleur, de plus friand, en viande et en poisson; vous l'aurez, et pour toute votre vie... *(Arlequin est quelque temps à répondre.)* Vous ne répondez rien?

ARLEQUIN. — Ce que vous dites-là serait plus de mon goût que tout le reste; car je suis gourmand[1], je l'avoue; mais j'ai encore plus d'amour que de gourmandise.

TRIVELIN. — Allons, seigneur Arlequin, faites-vous un sort heureux; il ne s'agira seulement que de quitter une fille pour en prendre une autre.

ARLEQUIN. — Non, non, je m'en tiens au bœuf et au vin de mon cru.

TRIVELIN. — Que vous auriez bu de[2] bon vin! que vous auriez mangé de bons morceaux!

ARLEQUIN. — J'en suis fâché, mais il n'y a rien à faire. Le cœur de Silvia est un morceau encore plus friand que tout cela. Voulez-vous me la montrer, ou ne le voulez-vous pas?

TRIVELIN. — Vous l'entretiendrez, soyez-en sûr; mais il est encore un peu matin.

---

1. Marivaux conserve à son Arlequin un de ses traits de caractère traditionnels, la gourmandise; cf. *Arlequin poli par l'amour*, scène III; 2. *De* : emploi classique et toujours recommandé par les grammairiens; cf. : « Voilà *de bon vin*, dit le buveur silencieux » (Chamfort, 180, *Anecdotes*).

Scène V. — LISETTE, ARLEQUIN, TRIVELIN.

LISETTE, *à Trivelin*. — Je vous cherche partout, Monsieur Trivelin; le Prince vous demande.

TRIVELIN. — Le Prince me demande? j'y cours; mais tenez donc compagnie au Seigneur Arlequin pendant mon absence.

ARLEQUIN. — Oh! ce n'est pas la peine; quand je suis seul, moi, je me fais compagnie.

TRIVELIN. — Non, non; vous pourriez vous ennuyer. Adieu; je vous rejoindrai bientôt.

Scène VI. — ARLEQUIN, LISETTE.

ARLEQUIN, *se retirant au coin du théâtre*. — Je gage que voilà une éveillée[1] qui vient pour m'affriander d'elle. Néant!

LISETTE, *doucement*. — C'est donc vous, Monsieur, qui êtes l'amant de Mademoiselle Silvia?

ARLEQUIN, *froidement*. — Oui.

LISETTE. — C'est une très-jolie fille.

ARLEQUIN, *du même ton*. — Oui.

LISETTE. — Tout le monde l'aime.

ARLEQUIN, *brusquement*. — Tout le monde a tort.

LISETTE. — Pourquoi cela, puisqu'elle le mérite?

ARLEQUIN, *brusquement*. — C'est qu'elle n'aimera personne que moi.

LISETTE. — Je n'en doute pas, et je lui pardonne son attachement pour vous.

ARLEQUIN. — A quoi cela sert-il, ce pardon-là?

LISETTE. — Je veux dire que je ne suis plus si[2] surprise que je l'étais de son obstination à vous aimer.

ARLEQUIN. — Et en vertu de quoi étiez-vous surprise?

LISETTE. — C'est qu'elle refuse un Prince aimable.

---

1. *Éveillée.* « On dit qu'une femme est fort éveillée pour dire qu'elle est coquette » (*Acad.*, 1694); 2. *Si.* « Il est aussi comparatif et signifie *aussi, autant. Il n'est pas si riche que vous* » (*Acad.*, 1694).

ARLEQUIN. — Et quand il serait aimable, cela empêche-t-il que je ne le sois aussi, moi?

LISETTE, *d'un air doux.* — Non, mais enfin c'est un Prince.

ARLEQUIN. — Qu'importe? En fait de fille, ce Prince n'est pas plus avancé que moi.

LISETTE, *doucement.* — A la bonne heure. J'entends seulement qu'il a des sujets et des États, et que, tout aimable que vous êtes, vous n'en avez point.

ARLEQUIN. — Vous me la baillez belle avec vos sujets et vos États! Si je n'ai pas de sujets, je n'ai charge de personne; et si tout va bien, je m'en réjouis; si tout va mal, ce n'est pas ma faute. Pour des États, qu'on en ait ou qu'on n'en ait point, on n'en tient pas plus de place, et cela ne rend ni plus beau, ni plus laid. Ainsi, de toutes façons, vous étiez surprise à propos de rien.

LISETTE, *à part.* — Voilà un vilain petit homme : je lui fais des compliments, et il me querelle!

ARLEQUIN, *comme lui demandant ce qu'elle dit.* — Hein?

LISETTE. — J'ai du malheur de ce que je vous dis; et j'avoue qu'à vous voir seulement, je me serais promis une conversation plus douce.

ARLEQUIN. — Dame! Mademoiselle, il n'y a rien de si trompeur que la mine des gens.

LISETTE. — Il est vrai que la vôtre m'a trompée; et voilà comme[1] on a souvent tort de se prévenir en faveur de quelqu'un.

ARLEQUIN. — Oh! très[2] tort; mais que voulez-vous? je n'ai pas choisi ma physionomie.

LISETTE, *en le regardant, comme étonnée.* — Non, je n'en saurais revenir quand je vous regarde.

ARLEQUIN. — Me voilà pourtant; et il n'y a point de remède, je serai toujours comme cela.

LISETTE, *d'un air un peu fâché.* — Oh! j'en suis persuadée.

ARLEQUIN. — Par bonheur, vous ne vous en souciez guère?

---

1. *Comme.* L'Académie exige *comment* dans ce cas, mais *comme* reste d'usage courant avec *voici* et *voilà* ; cf. : « Voilà *comme* il évitait d'entrer en conversation » (Montesquieu, *Lettres persanes*, 101); **2.** *Très*, avec un nom, est condamné par Féraud.

LISETTE. — Pourquoi me demandez-vous cela?

ARLEQUIN. — Eh! pour le savoir.

LISETTE, *d'un air naturel*. — Je serais bien sotte de vous dire la vérité là-dessus, et une fille doit se taire.

ARLEQUIN, *à part les premiers mots*. — Comme elle y va! Tenez, dans le fond, c'est dommage que vous soyez une si grande coquette.

LISETTE. — Moi?

ARLEQUIN. — Vous-même.

LISETTE. — Savez-vous bien qu'on n'a jamais dit pareille chose à une femme, et que vous m'insultez?

ARLEQUIN, *d'un air naïf*. — Point du tout; il n'y a point de mal à voir ce que les gens nous montrent. Ce n'est point moi qui ai tort de vous trouver coquette; c'est vous qui avez tort de l'être, Mademoiselle.

LISETTE, *d'un air un peu vif*. — Mais par où voyez-vous donc que je la[1] suis?

ARLEQUIN. — Parce qu'il y a une heure que vous me dites des douceurs, et que vous prenez le tour pour me dire que vous m'aimez. Écoutez, si vous m'aimez tout de bon, retirez-vous vite, afin que cela s'en aille; car je suis pris, et naturellement je ne veux pas qu'une fille me fasse l'amour la première; c'est moi qui veux commencer à le faire à la fille, cela est bien meilleur. Et si vous ne m'aimez pas... eh! fi! Mademoiselle, fi! fi!

LISETTE. — Allez, allez, vous n'êtes qu'un visionnaire.

ARLEQUIN. — Comment est-ce que les garçons, à la Cour, peuvent souffrir ces manières-là dans leurs maîtresses? Par la morbleu! Qu'une femme est laide quand elle est coquette!

LISETTE. — Mais, mon pauvre garçon, vous extravaguez.

ARLEQUIN. — Vous parlez de Silvia: c'est cela[2] qui est aimable! Si je vous contais notre amour, vous tomberiez dans l'admiration de sa modestie. Les premiers jours, il

---

1. *La*. L'Académie et les grammairiens du XVIIIe siècle exigent le neutre pour représenter un adjectif, mais on trouve encore souvent l'accord; cf. « J'étais indifférente et je ne *la* suis plus » (Piron, *Métromanie*, IV, 8); 2. *Cela* pour désigner une personne est « fort à la mode » (Féraud).

fallait voir comme[1] elle se reculait d'auprès de moi; et puis elle reculait plus doucement; et puis, petit à petit, elle ne reculait plus; ensuite elle me regardait en cachette; et puis elle avait honte quand je l'avais vue[2] faire, et puis moi j'avais un plaisir de roi à voir sa honte; ensuite j'attrapais sa main, qu'elle me laissait prendre; et puis elle était encore toute confuse; et puis je lui parlais; ensuite elle ne me répondait rien, mais n'en pensait pas moins; ensuite elle me donnait des regards pour des paroles, et puis des paroles qu'elle laissait aller sans y songer, parce que son cœur allait plus vite qu'elle; enfin, c'était un charme; aussi j'étais comme fou. Et voilà ce qui s'appelle une fille! Mais vous ne ressemblez point à Silvia.

LISETTE. — En vérité, vous me divertissez, vous me faites rire.

ARLEQUIN. — Oh! pour moi, je m'ennuie de vous faire rire à vos dépens. Adieu; si tout le monde était comme moi, vous trouveriez plus tôt un merle blanc qu'un amoureux.

SCÈNE VII. — ARLEQUIN, TRIVELIN, LISETTE.

TRIVELIN, *à Arlequin*. — Vous sortez?

ARLEQUIN. — Oui; cette demoiselle veut que je l'aime, mais il n'y a pas moyen.

TRIVELIN. — Allons, allons faire un tour en attendant le dîner; cela vous désennuiera.

SCÈNE VIII. — LE PRINCE, FLAMINIA, LISETTE.

FLAMINIA, *à Lisette*. — Eh bien, nos affaires avancent-elles? Comment va le cœur d'Arlequin?

LISETTE, *d'un air fâché*. — Il va très brutalement pour moi.

FLAMINIA. — Il t'a donc mal reçue?

1. *Comme* est employé régulièrement au lieu de *comment* après voir; cf. « Voyez *comme* un pas vers la fortune vous a précipités tous » (Bernardin de Saint-Pierre, *Paul et Virginie*, IV, 1785; cf. aussi p. 34, note I); 2. *Vue*. L'usage hésite pour l'accord du participe passé suivi d'un infinitif, dans le cas où le participe a pour complément d'objet direct un pronom personnel placé avant; cf. « J'ai tué ma maîtresse et je l'ai *vu* expirer » (Marivaux, *le Paysan parvenu*, III).

LISETTE. — « *Eh ! fi ! Mademoiselle, vous êtes une coquette !* »... Voilà de son style.

LE PRINCE. — J'en suis fâché, Lisette; mais il ne faut pas que cela vous chagrine, vous n'en valez pas moins.

LISETTE. — Je vous avoue, Seigneur, que, si j'étais vaine, je n'aurais pas mon compte. J'ai des preuves que je puis déplaire; et nous autres femmes, nous nous passons bien de ces preuves-là.

FLAMINIA. — Allons, allons, c'est maintenant à moi à[1] tenter l'aventure.

LE PRINCE. — Puisqu'on ne peut gagner Arlequin, Silvia ne m'aimera jamais.

FLAMINIA. — Et moi je vous dis, Seigneur, que j'ai vu Arlequin; qu'il me plaît, à moi; que je me suis mis dans la tête de vous rendre content; que je vous ai promis que vous le seriez; que je vous tiendrai parole, et que de tout ce que je vous dis là je ne vous rabattrais pas la valeur d'un mot. Oh! vous ne me connaissez pas. Quoi! Seigneur, Arlequin et Silvia me résisteraient! Je ne gouvernerais pas deux cœurs de cette espèce-là, moi qui l'ai entrepris, moi qui suis opiniâtre, moi qui suis femme! c'est tout dire. Et moi, j'irais me cacher! Mon sexe me renoncerait[2], Seigneur : vous pouvez en toute sûreté ordonner les apprêts de votre mariage, vous arranger pour cela; je vous garantis aimé, je vous garantis marié; Silvia va vous donner son cœur, ensuite sa main; je l'entends d'ici vous dire : « Je vous aime »; je vois vos noces, elles se font; Arlequin m'épouse, vous nous honorez de vos bienfaits, et voilà qui est fini.

LISETTE, *d'un air incrédule.* — Tout est fini? Rien n'est commencé.

FLAMINIA. — Tais-toi, esprit court[3].

LE PRINCE. — Vous m'encouragez à espérer; mais je vous avoue que je ne vois d'apparence à rien.

FLAMINIA. — Je les ferai bien venir, ces apparences; j'ai

---

1. Le choix entre *à* et *de* reste libre. Mais Girault-Duvivier (*Grammaire des grammaires*, 1822) établira une distinction entre l'idée de *tour* : « c'est à vous *à* parler après moi » et l'idée d'obligation : « c'est au maître *de* parler et au disciple *d'*écouter ». Marivaux semble ici adopter cette distinction; 2. *Renoncer* : « renier, désavouer » (*Acad.*, 1694); 3. « On dit qu'un homme a l'esprit court quand il n'a guère d'esprit » (*Acad.*, 1694).

de bons moyens pour cela. Je vais commencer par aller chercher Silvia : il est temps qu'elle voie Arlequin.

LISETTE. — Quand ils se seront vus, j'ai bien peur que tes moyens n'aillent mal.

LE PRINCE. — Je pense de même.

FLAMINIA, *d'un air indifférent.* — Eh! nous ne différons que du oui et du non; ce n'est qu'une bagatelle. Pour moi, j'ai résolu qu'ils se voient librement. Sur la liste des mauvais tours que je veux jouer à leur amour, c'est ce tour-là que j'ai mis à la tête.

LE PRINCE. — Faites donc à votre fantaisie.

FLAMINIA. — Retirons-nous; voici Arlequin qui vient.

SCÈNE IX. — ARLEQUIN, TRIVELIN,
et une suite de valets.

ARLEQUIN. — Par parenthèse, dites-moi une chose. Il y a une heure que je rêve[1] à quoi servent ces grands drôles bariolés qui nous accompagnent partout. Ces gens-là sont bien curieux!

TRIVELIN. — Le Prince, qui vous aime, commence par là à vous donner des témoignages de sa bienveillance; il veut que ces gens-là vous suivent pour vous faire honneur.

ARLEQUIN. — Oh! oh! c'est donc une marque d'honneur?

TRIVELIN. — Oui, sans doute.

ARLEQUIN. — Et, dites-moi, ces gens-là qui me suivent, qui est-ce qui les suit, eux?

TRIVELIN. — Personne.

ARLEQUIN. — Et vous, n'avez-vous personne aussi?

TRIVELIN. — Non.

ARLEQUIN. — On ne vous honore donc pas, vous autres?

TRIVELIN. — Nous ne méritons pas cela.

ARLEQUIN, *en colère et prenant son bâton*[2]. — Allons, cela étant, hors d'ici! Tournez-moi les talons avec toutes ces canailles-là!

---

1. *Rêver* : méditer; 2. Ce *bâton*, qu'on appellera aussi *batte* (p. 39) ou *latte* (p.75), est l'attribut traditionnel du personnage d'Arlequin.

TRIVELIN. — D'où vient donc cela?

ARLEQUIN. — Détalez! Je n'aime point les gens sans honneur et qui ne méritent pas qu'on les honore.

TRIVELIN. — Vous ne m'entendez pas.

ARLEQUIN, *en le frappant*. — Je m'en vais donc vous parler plus clairement.

TRIVELIN, *en s'enfuyant*. — Arrêtez, arrêtez! Que faites-vous? *(Arlequin court aussi après les autres valets, qu'il chasse, et Trivelin se réfugie dans une coulisse.)*

Scène X. — ARLEQUIN, TRIVELIN.

ARLEQUIN, *revient sur le théâtre*. — Ces marauds-là! j'ai toutes les peines du monde à les congédier. Voilà une drôle de façon d'honorer un honnête homme, que de mettre une troupe de coquins après lui; c'est se moquer du monde. *(Il se retourne, et voit Trivelin qui revient.)* Mon ami, est-ce que je ne me suis pas bien expliqué?

TRIVELIN, *de loin*. — Écoutez, vous m'avez battu; mais je vous le pardonne. Je vous crois un garçon raisonnable.

ARLEQUIN. — Vous le voyez bien.

TRIVELIN, *de loin*. — Quand je vous dis que nous ne méritons pas d'avoir des gens à notre suite, ce n'est pas que nous manquions d'honneur; c'est qu'il n'y a que les personnes considérables, les seigneurs, les gens riches, qu'on honore de cette manière-là. S'il suffisait d'être honnête homme, moi qui vous parle, j'aurais après moi une armée de valets.

ARLEQUIN, *remettant sa batte*. — Oh! à présent je vous comprends. Que diantre! Que ne dites-vous la chose comme il faut? Je n'aurais pas les bras démis, et vos épaules s'en porteraient mieux.

TRIVELIN. — Vous m'avez fait mal.

ARLEQUIN. — Je le crois bien, c'était mon intention. Par bonheur ce n'est qu'un malentendu, et vous devez être bien aise d'avoir reçu innocemment[1] les coups de bâton que je

1. *Innocemment* : sans avoir accompli de crime.

vous ai donnés. Je vois bien à présent que c'est qu'on fait ici tout l'honneur aux gens considérables, riches, et à celui qui n'est qu'honnête homme, rien.

TRIVELIN. — C'est cela même.

ARLEQUIN, *d'un air dégoûté.* — Sur ce pied-là, ce n'est pas grand-chose que d'être honoré, puisque cela ne signifie pas qu'on soit honorable.

TRIVELIN. — Mais on peut être honorable avec cela.

ARLEQUIN. — Ma foi! tout bien compté, vous me ferez le plaisir de me laisser là sans compagnie. Ceux qui me verront tout seul me prendront tout d'un coup pour un honnête homme; j'aime autant cela que d'être pris pour un grand seigneur.

TRIVELIN. — Nous avons ordre de rester auprès de vous.

ARLEQUIN. — Menez-moi donc voir Silvia.

TRIVELIN. — Vous serez satisfait; elle va venir... Parbleu! je ne me trompe pas, car la voilà qui entre. Adieu! je me retire.

SCÈNE XI. — SILVIA, ARLEQUIN, FLAMINIA.

SILVIA, *en entrant, accourt avec joie.* — Ah! le voici! Eh! mon cher Arlequin, c'est donc vous! Je vous revois donc! Le pauvre enfant! que je suis aise!

ARLEQUIN, *tout essoufflé de joie.* — Et moi aussi. *(Il prend respiration.)* Oh! oh! je me meurs de joie!

SILVIA. — Là, là, mon fils[1], doucement! Comme il m'aime; quel plaisir d'être aimée comme cela!

FLAMINIA, *en les regardant tous deux.* — Vous me ravissez tous deux, mes chers enfants, et vous êtes bien aimables de vous être si fidèles. *(Et comme tout bas.)* Si quelqu'un m'entendait dire cela, je serais perdue... mais, dans le fond du cœur, je vous estime et je vous plains.

SILVIA, *lui répondant.* — Hélas! c'est que vous êtes un bon cœur. J'ai bien soupiré, mon cher Arlequin.

---

1. *Mon fils :* « terme de caresse, qui veut dire mignon, enfant joli et qu'on aime » (Richelet, 1680).

ARLEQUIN, *tendrement, et lui prenant la main.* — M'aimez-vous toujours?

SILVIA. — Si je vous aime? Cela se demande-t-il? Est-ce une question à faire?

FLAMINIA, *d'un air naturel, à Arlequin.* — Oh! pour cela, je puis vous certifier sa tendresse. Je l'ai vue au désespoir, je l'ai vue[1] pleurer de votre absence; elle m'a touchée moi-même. Je mourais d'envie de vous voir ensemble; vous voilà. Adieu, mes amis; je m'en vais, car vous m'attendrissez. Vous me faites tristement ressouvenir d'un amant que j'avais, et qui est mort. Il avait de[2] l'air d'Arlequin, et je ne l'oublierai jamais. Adieu, Silvia; on m'a mise auprès de vous, mais je ne vous desservirai point. Aimez toujours Arlequin, il le mérite; et vous, Arlequin, quelque chose qu'il arrive, regardez-moi comme une amie, comme une personne qui voudrait pouvoir vous obliger : je ne négligerai rien pour cela.

ARLEQUIN, *doucement.* — Allez, Mademoiselle, vous êtes une fille de bien. Je suis votre ami aussi, moi. Je suis fâché de la mort de votre amant; c'est bien dommage que vous soyez affligée, et nous aussi. *(Flaminia sort.)*

Scène XII. — ARLEQUIN, SILVIA.

SILVIA, *d'un air plaintif.* — Eh bien! mon cher Arlequin?

ARLEQUIN. — Eh bien! mon âme?

SILVIA. — Nous sommes bien malheureux!

ARLEQUIN. — Aimons-nous toujours; cela nous aidera à prendre patience.

SILVIA. — Oui, mais notre amitié[3], que deviendra-t-elle? Cela m'inquiète.

ARLEQUIN. — Hélas! m'amour, je vous dis de prendre patience; mais je n'ai pas plus de courage que vous. *(Il lui prend la main.)* Pauvre petit trésor à moi, m'amie! Il y a trois jours que je n'ai vu ces beaux yeux-là; regardez-moi toujours, pour me récompenser.

---

1. *Vue :* cf. p. 36, note 2; 2. *De* est ici un partitif; cf. « Elle a *de* l'air du coadjuteur » (Mme de Sévigné, 86); 3. *Amitié :* cf. p. 30, note 2.

SILVIA, *d'un air inquiet.* — Ah! j'ai bien des choses à vous dire. J'ai peur de vous perdre; j'ai peur qu'on ne vous fasse quelque mal par méchanceté de jalousie; j'ai peur que vous ne soyez trop longtemps sans me voir, et que vous ne vous y accoutumiez.

ARLEQUIN. — Petit cœur, est-ce que je m'accoutumerais à être malheureux?

SILVIA. — Je ne veux point que vous m'oubliiez; je ne veux point non plus que vous enduriez rien[1] à cause de moi; je ne sais point dire ce que je veux, je vous aime trop. C'est une pitié que mon embarras; tout me chagrine.

ARLEQUIN, *pleurant.* — Hi! hi! hi! hi!

SILVIA, *tristement.* — Oh bien! Arlequin, je m'en vais donc pleurer aussi, moi.

ARLEQUIN. — Comment voulez-vous que je m'empêche de pleurer, puisque vous voulez être si triste? Si vous aviez un peu de compassion, est-ce que vous seriez si affligée?

SILVIA. — Demeurez donc en repos; je ne vous dirai plus que je suis chagrine.

ARLEQUIN. — Oui, mais je devinerai que vous l'êtes. Il faut me promettre que vous ne le serez plus.

SILVIA. — Oui, mon fils; mais promettez-moi aussi que vous m'aimerez toujours.

ARLEQUIN, *en s'arrêtant tout court pour la regarder.* — Silvia, je suis votre amant; vous êtes ma maîtresse; retenez-le bien, car cela est vrai, et tant que je serai en vie, cela ira toujours le même train, cela ne branlera pas; je mourrai de compagnie avec cela. Ah! çà! dites-moi le serment que vous voulez que je vous fasse?

SILVIA. — Voilà qui va bien; je ne sais point de serments; vous êtes un garçon d'honneur; j'ai votre amitié, vous avez la mienne; je ne vous la reprendrai pas. A qui est-ce que je la porterais? N'êtes-vous pas le plus joli garçon qu'il y ait? Y a-t-il quelque fille qui puisse vous aimer autant que moi? En bien! n'est-ce pas assez? nous en faut-il davantage? Il n'y a qu'à rester comme nous sommes; il n'y aura pas besoin de serments.

---

1. *Rien* garde ici son sens affirmatif de « quelque chose ».

ARLEQUIN. — Dans cent ans d'ici, nous serons tout de même.

SILVIA. — Sans doute.

ARLEQUIN. — Il n'y a donc rien à craindre, m'amie; tenons-nous donc joyeux.

SILVIA. — Nous souffrirons peut-être un peu; voilà tout.

ARLEQUIN. — C'est une bagatelle. Quand on a un peu pâti, le plaisir en semble meilleur.

SILVIA. — Oh! pourtant, je n'aurais que faire de pâtir pour être bien aise, moi.

ARLEQUIN. — Il n'y aura qu'à ne pas songer que nous pâtissons.

SILVIA, *en le regardant tendrement*. — Ce cher petit homme, comme il m'encourage!

ARLEQUIN, *tendrement*. — Je ne m'embarrasse[1] que de vous.

SILVIA, *en le regardant*. — Où est-ce qu'il prend tout ce qu'il me dit? Il n'y a que lui au monde comme cela; mais aussi il n'y a que moi pour vous aimer, Arlequin.

ARLEQUIN, *saute d'aise*. — C'est comme du miel, ces paroles-là.

Scène XIII. — ARLEQUIN, TRIVELIN, SILVIA, FLAMINIA.

TRIVELIN, *à Silvia*. — Je suis au désespoir de vous interrompre; mais votre mère vient d'arriver, Mademoiselle Silvia, et elle demande instamment à vous parler.

SILVIA, *regardant Arlequin*. — Arlequin, ne me quittez pas; je n'ai rien de secret pour vous.

ARLEQUIN, *la prenant sous le bras*. — Marchons, ma petite.

FLAMINIA, *d'un air de confiance, et s'approchant d'eux*. — Ne craignez rien, mes enfants. Allez toute seule trouver votre mère, ma chère Silvia, cela sera plus séant. Vous êtes libres de vous voir autant qu'il vous plaira; c'est moi qui

---

1. *S'embarrasser* : s'occuper, se soucier de.

vous en assure. Vous savez bien que je ne voudrais pas vous tromper.

ARLEQUIN. — Oh! non; vous êtes de notre parti, vous.

SILVIA. — Adieu donc, mon fils; je vous rejoindrai bientôt. *(Elle sort.)*

ARLEQUIN, *à Flaminia, qui veut s'en aller et qu'il arrête.* — Notre amie, pendant qu'elle sera là, restez avec moi pour empêcher que je ne m'ennuie; il n'y a ici que votre compagnie que je puisse endurer.

FLAMINIA, *comme en secret.* — Mon cher Arlequin, la vôtre me fait bien du plaisir aussi; mais j'ai peur qu'on ne s'aperçoive de l'amitié que j'ai pour vous.

TRIVELIN. — Seigneur Arlequin, le dîner est prêt.

ARLEQUIN, *tristement.* — Je n'ai point de[1] faim.

FLAMINIA, *d'un air d'amitié.* — Je veux que vous mangiez, vous en avez besoin.

ARLEQUIN, *doucement.* — Croyez-vous?

FLAMINIA. — Oui.

ARLEQUIN. — Je ne saurais. *(A Trivelin.)* La soupe est-elle bonne?

TRIVELIN. — Exquise.

ARLEQUIN. — Hum! Il faut attendre Silvia; elle aime le potage.

FLAMINIA. — Je crois qu'elle dînera avec sa mère. Vous êtes le maître pourtant; mais je vous conseille de les laisser ensemble; n'est-il pas vrai? Après dîner, vous la verrez.

ARLEQUIN. — Je veux bien; mais mon appétit n'est pas encore ouvert.

TRIVELIN. — Le vin est au frais, et le rôt tout prêt.

ARLEQUIN. — Je suis si triste!... Ce rôt est donc friand?

TRIVELIN. — C'est du gibier qui a une mine!...

ARLEQUIN. — Que de chagrin! Allons donc; quand la viande est froide, elle ne vaut rien.

---

1. *De.* Après *pas, point,* l'Académie condamne l'emploi de ce *de* ; Marivaux écrit cependant : « Vos menaces ne me font point *de* peur » (*le Jeu de l'amour et du hasard,* III, VIII).

FLAMINIA. — N'oubliez pas de boire à ma santé.

ARLEQUIN. — Venez boire à la mienne, à cause de la connaissance.

FLAMINIA. — Oui-da, de tout mon cœur; j'ai une demi-heure à vous donner.

ARLEQUIN. — Bon! je suis content de vous.

[A la fin de cet acte se plaçait sans doute le premier divertissement donné en appendice, p. 91.]

ACTE II

Scène première. — FLAMINIA, SILVIA.

SILVIA. — Oui, je vous crois. Vous paraissez me vouloir du bien. Aussi vous voyez que je ne souffre que vous; je regarde tous les autres comme mes ennemis. Mais où est Arlequin?

FLAMINIA. — Il va venir; il dîne encore.

SILVIA. — C'est quelque chose d'épouvantable que ce pays-ci! Je n'ai jamais vu de femmes si civiles, d'hommes si honnêtes. Ce sont des manières si douces, tant de révérences, tant de compliments, tant de signes d'amitié! Vous diriez que ce sont les meilleurs gens du monde, qu'ils sont pleins de cœur et de conscience. Point du tout! De tous ces gens-là, il n'y en a pas un qui ne vienne me dire d'un air prudent : « Mademoiselle, croyez-moi, je vous conseille d'abandonner Arlequin et d'épouser le Prince »; mais ils me conseillent cela tout naturellement, sans avoir honte, non plus que[1] s'ils m'exhortaient à une bonne action. « Mais, leur dis-je, j'ai promis à Arlequin; où est[2] la fidélité, la probité, la bonne foi? » Ils ne m'entendent pas; ils ne savent ce que c'est que tout cela; c'est tout comme si je leur parlais grec; ils me rient au nez, me disent que je fais l'enfant, qu'une grande

---

1. *Non plus que.* Cet emploi de *non* est vieilli, mais encore académique; 2. *Est.* Le singulier du verbe, avec plusieurs sujets synonymes ou marquant une gradation, est conforme à l'usage classique et se maintient encore; cf. « C'est donc l'organisation, la vie, l'âme, qui *fait* proprement notre existence » (Buffon, *Histoire naturelle*, II, 4).

fille doit avoir de la raison; eh! cela n'est-il pas joli? Ne
valoir rien, tromper son prochain, lui manquer de parole,
être fourbe et mensonger, voilà le devoir des grandes personnes de ce maudit endroit-ci! Qu'est-ce que c'est que ces
gens-là? d'où sortent-ils? de quelle pâte[1] sont-ils?

FLAMINIA. — De la pâte des autres hommes, ma chère
Silvia. Que cela ne vous étonne pas; ils s'imaginent que ce
serait votre bonheur que le mariage du Prince.

SILVIA. — Mais ne suis-je pas obligée d'être fidèle?
N'est-ce pas mon devoir d'honnête fille? et quand on ne
fait pas son devoir, est-on heureuse? Par-dessus le marché,
cette fidélité n'est-elle pas mon charme? Et on a le courage
de me dire : « Là, fais un mauvais tour, qui ne te rapportera
que du mal; perds ton plaisir et ta bonne foi »; et parce
que je ne veux pas, moi, on me trouve dégoûtée!

FLAMINIA. — Que voulez-vous? Ces gens-là pensent à
leur façon, et souhaiteraient que le Prince fût content.

SILVIA. — Mais ce Prince, que ne prend-il une fille qui
se rende à lui de bonne volonté! Quelle fantaisie d'en vouloir une qui ne veut pas de lui! Quel goût trouve-t-il à cela?
Car c'est un abus que tout ce qu'il fait, tous ces concerts,
ces comédies, ces grands repas qui ressemblent à des noces,
ces bijoux qu'il m'envoie; tout cela lui coûte un argent
infini, c'est un abîme, il se ruine; demandez-moi ce qu'il y
gagne. Quand il me donnerait toute la boutique d'un mer-
cier, cela ne me ferait pas tant de plaisir qu'un petit peloton[2]
qu'Arlequin m'a donné.

FLAMINIA. — Je n'en doute pas; voilà ce que c'est que
l'amour; j'ai aimé de même, et je me reconnais au peloton.

SILVIA. — Tenez, si j'avais eu à changer Arlequin contre
un autre, ç'aurait été contre un officier du palais qui m'a vue
cinq ou six fois et qui est d'aussi bonne façon qu'on puisse
être. Il y a bien à tirer si le Prince le vaut[3]. C'est dommage
que je n'aie pu l'aimer dans le fond et je le plains plus que
le Prince.

FLAMINIA, *souriant en cachette.* — Oh! Silvia, je vous

---

1. *Pâte.* Le mot est du langage familier : cf. « Vous êtes d'une *pâte* à vivre
plus de cent ans » (Molière, *l'Avare*, II, v); 2. *Peloton* : « petite pelote où l'on
met des épingles » (*Acad.*, 1694); 3. Il y a bien peu de chance que le Prince
le vaille.

assure que vous plaindrez le Prince autant que lui, quand vous le connaîtrez.

SILVIA. — Eh bien! qu'il tâche de m'oublier, qu'il me renvoie, qu'il voie d'autres filles. Il y en a ici qui ont leur amant tout comme moi; mais cela ne les empêche pas d'aimer tout le monde; j'ai bien vu que cela ne leur coûte rien; mais pour moi, cela m'est impossible.

FLAMINIA. — Eh! ma chère enfant, avons-nous rien[1] ici qui vous vaille, rien qui approche de vous?

SILVIA, *d'un air modeste.* — Oh! que si[2]; il y en a de plus jolies que moi; et, quand elles seraient la moitié moins jolies, cela leur fait plus de profit qu'à moi d'être tout à fait belle. J'en vois ici de laides qui font si bien aller leur visage, qu'on y est trompé.

FLAMINIA. — Oui, mais le vôtre va tout seul, et cela est charmant.

SILVIA. — Bon! moi, je ne parais rien, je suis toute d'une pièce auprès d'elles; je demeure là, je ne vais ni ne viens; au lieu qu'elles, elles sont d'une humeur joyeuse, elles ont des yeux qui caressent tout le monde; elles ont une mine hardie, une beauté libre qui ne se gêne point, qui est sans façon; cela plaît davantage que[3] non pas une honteuse comme moi, qui n'ose regarder les gens et qui est[4] confuse qu'on la trouve belle.

FLAMINIA. — Eh! voilà justement ce qui touche le Prince, voilà ce qu'il estime! C'est cette ingénuité, cette beauté simple, ce sont ces grâces naturelles. Eh! croyez-moi, ne louez pas tant les femmes d'ici; car elles ne vous louent guère.

SILVIA. — Qu'est-ce donc qu'elles disent?

FLAMINIA. — Des impertinences; elles se moquent de vous, raillent le Prince, lui demandent comment se porte sa beauté rustique[5]. « Y a-t-il de visage plus commun? disaient l'autre jour ces jalouses entre elles; de taille plus gauche? »

---

1. *Rien* : cf. p. 42, note 1; 2. *Que si :* expression familière; 3. *Que* après davantage est condamné par les grammairiens; toute l'expression *que non pas,* où les deux derniers mots sont superflus, est d'ailleurs vieillie; 4. *Est :* faute évidente de grammaire; on la trouve déjà chez Molière : « Si c'était moi qui vous *eût* procuré cette heureuse fortune » (*le Dépit amoureux,* III, vii); 5. A noter, en effet, que dans toute cette scène Marivaux s'est efforcé de conserver à Silvia une certaine allure « paysanne ».

Là-dessus l'une vous prenait par les yeux, l'autre par la bouche; il n'y avait pas jusqu'aux hommes qui ne vous trouvaient pas trop jolie. J'étais dans une colère!...

SILVIA, *fâchée*. — Pardi! voilà de vilains hommes, de trahir comme cela leur pensée pour plaire à ces sottes-là!

FLAMINIA. — Sans difficulté!

SILVIA. — Que je hais ces femmes-là! Mais puisque je suis si peu agréable à leur compte, pourquoi donc est-ce que le Prince m'aime et qu'il les laisse là?

FLAMINIA. — Oh! elles sont persuadées qu'il ne vous aimera pas longtemps, que c'est un caprice qui lui passera, et qu'il en rira tout le premier.

SILVIA, *piquée et après avoir un peu regardé Flaminia*. — Hum! elles sont bien heureuses que j'aime Arlequin; sans cela, j'aurais grand plaisir à les faire mentir, ces babillardes-là.

FLAMINIA. — Ah! qu'elles mériteraient bien d'être punies! Je leur ai dit : « Vous faites ce que vous pouvez pour faire renvoyer Silvia et pour plaire au Prince; et, si elle voulait, il ne daignerait pas vous regarder. »

SILVIA. — Pardi! vous voyez bien ce qui en est; il ne tient qu'à moi de les confondre.

FLAMINIA. — Voilà de la compagnie qui nous vient.

SILVIA. — Eh! je crois que c'est cet officier dont je vous ai parlé; c'est lui-même. Voyez la belle physionomie d'homme!

SCÈNE II. — LE PRINCE, *sous le nom d'officier du palais*, LISETTE, *sous le nom de Dame de la Cour, et les* ACTEURS PRÉCÉDENTS.

(Le Prince, en voyant Silvia, salue avec beaucoup de soumission.)

SILVIA. — Comment! vous voilà, Monsieur? Vous saviez donc bien que j'étais ici?

LE PRINCE. — Oui, Mademoiselle, je le savais; mais vous m'aviez dit de ne plus vous voir, et je n'aurais osé paraître sans Madame, qui a souhaité que je l'accompagnasse, et qui a obtenu du Prince l'honneur de vous faire la révérence.

(La dame ne dit mot, et regarde seulement Silvia avec attention ; Flaminia et elle se font des signes d'intelligence.)

SILVIA, *doucement.* — Je ne suis pas fâchée de vous revoir et vous me trouvez bien triste. A l'égard de[1] cette dame, je la remercie de la volonté qu'elle a de me faire une révérence, je ne mérite pas cela ; mais qu'elle me la fasse, puisque c'est son désir ; je lui en rendrai une comme je pourrai ; elle excusera si je la fais mal.

LISETTE. — Oui, m'amie, je vous excuserai de bon cœur ; je ne vous demande pas l'impossible.

SILVIA, *répétant d'un air fâché et à part, et faisant une révérence.* — *Je ne vous demande pas l'impossible !* Quelle manière de parler !

LISETTE. — Quel âge avez-vous, ma fille ?

SILVIA, *piquée.* — Je l'ai oublié, ma mère.

FLAMINIA, *à Silvia.* — Bon.
(Le Prince paraît et affecte d'être surpris.)

LISETTE. — Elle se fâche, je pense ?

LE PRINCE. — Mais, Madame, que signifient ces discours-là ? Sous prétexte de venir saluer Silvia, vous lui faites une insulte !

LISETTE. — Ce n'est pas mon dessein. J'avais la curiosité de voir cette petite fille qu'on aime tant, qui fait naître une si forte passion ; et je cherche ce qu'elle a de si aimable. On dit qu'elle est naïve ; c'est un agrément campagnard qui doit la rendre amusante ; priez-là de nous donner quelques traits de naïveté ; voyons son esprit.

SILVIA. — Eh non ! Madame, ce n'est pas la peine ; il n'est pas si plaisant que le vôtre.

LISETTE, *en riant.* — Ah ! Ah ! vous demandiez du naïf ; en voilà.

LE PRINCE, *à Lisette.* — Allez-vous-en, Madame.

SILVIA. — Cela m'impatiente, à la fin ; et si elle ne[2] s'en va, je me fâcherai tout de bon[3].

---

1. *A l'égard de :* « façon de parler qui tient lieu de préposition : pour ce qui regarde, pour ce qui concerne » (*Acad.*, 1694) ; **2.** *Ne* sans *pas* est un usage ancien, mais qui se perd ; **3.** *Tout de bon* est du langage familier.

LE PRINCE, *à Lisette*. — Vous vous repentirez de votre procédé.

LISETTE, *en se retirant, d'un air dédaigneux*. — Adieu; un pareil objet[1] me venge assez de celui qui en a fait le choix.

SCÈNE III. — LE PRINCE, FLAMINIA, SILVIA.

FLAMINIA. — Voilà une créature bien effrontée!

SILVIA. — Je suis outrée! J'ai bien affaire qu'on m'enlève pour se moquer de moi, chacun a son prix. Ne semble-t-il pas que je ne vaille pas bien ces femmes-là? Je ne voudrais pas être changée contre elles.

FLAMINIA. — Bon! ce sont des compliments que les injures de cette jalouse-là.

LE PRINCE. — Belle Silvia, cette femme-là nous a trompés, le Prince et moi; vous m'en voyez au désespoir, n'en doutez pas. Vous savez que je suis pénétré de respect pour vous; vous connaissez mon cœur. Je venais ici pour me donner la satisfaction de vous voir, pour jeter encore une fois les yeux sur une personne si chère, et reconnaître notre souveraine; mais je ne prends pas garde que je me découvre[2], que Flaminia m'écoute, et que je vous importune encore.

FLAMINIA, *d'un air naturel*. — Quel mal faites-vous? Ne sais-je pas bien qu'on ne peut la voir sans l'aimer?

SILVIA. — Et moi, je voudrais qu'il ne m'aimât pas, car j'ai du chagrin de ne pouvoir lui rendre le change[3]. Encore si c'était un homme comme tant d'autres, à qui l'on dit ce qu'on veut; mais il est trop agréable pour qu'on le maltraite, lui; il a toujours été comme vous le voyez.

LE PRINCE. — Ah! que vous êtes obligeante, Silvia! Que puis-je faire pour mériter ce que vous venez de me dire, si ce n'est de vous aimer toujours?

SILVIA. — Eh bien! aimez-moi, à la bonne heure; j'y aurai du plaisir, pourvu que vous promettiez de prendre votre mal en patience; car je ne saurais mieux faire, en vérité.

---

1. *Objet* : « personne » (aimée), mot du style précieux; 2. *Se découvrir* : « donner à connaître ses affaires, ses secrets, son humeur » (*Acad.*, 1694); 3. *Rendre le change* : rendre la pareille; cf. « un nouveau galant qui survient lui *rend le change* » (La Bruyère, *Caractères*, III).

Un interprète de Marivaux : Thomas Antoine Visentini,
dit Arlequin ou Thomassin (1682-1739).

Gravure de Bertrand d'après le portrait de La Tour.
Paris, Bibliothèque nationale.

Portrait de Marivaux d'après une peinture de Van Loo.

Arlequin est venu le premier; voilà tout ce qui vous nuit. Si j'avais deviné que vous viendriez après lui, en bonne foi je vous aurais attendu; mais vous avez du malheur, et moi je ne suis pas heureuse.

LE PRINCE. — Flaminia, je vous en fais juge, pourrait-on cesser d'aimer Silvia? Connaissez-vous de cœur plus compatissant, plus généreux que le sien? Non, la tendresse d'un autre me toucherait moins que la seule bonté qu'elle a de me plaindre.

SILVIA, *à Flaminia*. — Et moi, je vous en fais juge aussi, là, vous l'entendez; comment se comporter avec un homme qui me remercie toujours, qui prend tout ce qu'on lui dit en bien?

FLAMINIA. — Franchement, il a raison, Silvia : vous êtes charmante, et à sa place je serais tout comme il est.

SILVIA. — Ah çà! n'allez pas l'attendrir encore : il n'a pas besoin qu'on lui dise que je suis jolie; il le croit assez. *(Au Prince.)* Croyez-moi, tâchez de m'aimer tranquillement, et vengez-moi de cette femme qui m'a injuriée.

LE PRINCE. — Oui, ma chère Silvia, j'y cours. A mon égard[1], de quelque façon que vous me traitiez, mon parti est pris; j'aurai du moins le plaisir de vous aimer toute ma vie.

SILVIA. — Oh! je m'en doutais bien; je vous connais.

FLAMINIA. — Allez, Monsieur; hâtez-vous d'informer le Prince du mauvais procédé de la dame en question; il faut que tout le monde sache ici le respect qui est dû à Silvia.

LE PRINCE. — Vous aurez bientôt de mes nouvelles.

Scène IV. — SILVIA, FLAMINIA.

FLAMINIA. — Vous, ma chère, pendant que je vais chercher Arlequin, qu'on retient peut-être un peu trop longtemps à table, allez essayer l'habit qu'on vous a fait; il me tarde de vous le voir.

SILVIA. — Tenez, l'étoffe est belle; elle m'ira bien; mais je ne veux point de tous ces habits-là, car le Prince me veut en troc, et jamais nous ne finirons ce marché-là.

1. Cf. p. 49, note 1.

FLAMINIA. — Vous vous trompez; quand il vous quitterait, vous emporteriez tout; vraiment, vous ne le connaissez pas.

SILVIA. — Je m'en vais donc sur votre parole; pourvu qu'il ne me dise après : « Pourquoi as-tu pris mes présents ? »

FLAMINIA. — Il vous dira : « Pourquoi n'en avoir pas pris davantage ? »

SILVIA. — En ce cas-là, j'en prendrai tant qu'il voudra, afin qu'il n'ait rien à me dire.

FLAMINIA. — Allez, je réponds de tout.

SCÈNE V. — FLAMINIA, ARLEQUIN, *tout éclatant de rire, entre avec* TRIVELIN.

FLAMINIA, *à part*. — Il me semble que les choses commencent à prendre forme. Voici Arlequin. En vérité, je ne sais; mais si ce petit homme venait à m'aimer, j'en profiterais de bon cœur.

ARLEQUIN, *riant*. — Ah! ah! ah! Bonjour, mon amie.

FLAMINIA. — Bonjour, Arlequin. Dites-moi donc de quoi vous riez, afin que j'en rie aussi.

ARLEQUIN. — C'est que mon valet Trivelin, que je ne paye point, m'a mené par[1] toutes les chambres de la maison, où l'on me trotte comme dans les rues, où l'on jase comme dans notre halle, sans que le maître de la maison s'embarrasse de tous ces visages-là et qui[2] viennent chez lui sans lui donner le bonjour, qui vont le voir manger sans qu'il leur dise : « Voulez-vous boire un coup ? » Je me divertissais de ces originaux-là en revenant, quand j'ai vu un grand coquin qui a levé l'habit d'une dame par derrière. Moi, j'ai cru qu'il lui faisait quelque niche, et je lui ai dit bonnement[3] : « Arrêtez-vous polisson, vous badinez malhonnêtement. » Elle, qui m'a entendu, s'est retournée et m'a dit : « Ne voyez-vous pas bien qu'il me porte la queue? — Et pourquoi vous la

---

1. *Par*. Cet emploi de *par* pour « à travers » se discrédite; cf. pourtant : « Quand j'irai *par* la ville » (Beaumarchais, *le Barbier de Séville*, II, XI); 2. *Et qui*. Ce tour ancien est condamné par l'Académie, mais reste usité : « plus adroit que fripon *et qui*... ressemblait à l'ermite Pierre » (Rousseau, *Confessions*, II); 3. *Bonnement* : « à la bonne foi, naïvement, simplement » (*Acad.*, 1694).

laissez-vous porter, cette queue ? », ai-je repris. Sur cela, le polisson s'est mis à rire ; la dame riait, Trivelin riait, tout le monde riait ; par compagnie, je me suis mis à rire aussi. A cette heure, je vous demande pourquoi nous avons ri tous ?

FLAMINIA. — D'une bagatelle. C'est que vous ne savez pas que ce que vous avez vu faire à ce laquais est en usage parmi les dames.

ARLEQUIN. — C'est donc encore un honneur ?

FLAMINIA. — Oui, vraiment !

ARLEQUIN. — Pardi ! j'ai donc bien fait d'en rire, car cet honneur-là est bouffon et à bon marché.

FLAMINIA. — Vous êtes gai ; j'aime à vous voir comme cela. Avez-vous bien mangé depuis que je vous ai quitté ?

ARLEQUIN. — Ah ! morbleu ! qu'on a apporté de friandes drogues ! Que le cuisinier d'ici fait de bonnes fricassées ! Il n'y a pas moyen de tenir contre[1] sa cuisine. J'ai tant bu à la santé de Silvia et de vous, que, si vous êtes malade[2], ce ne sera pas ma faute.

FLAMINIA. — Quoi ? vous vous êtes encore ressouvenu de moi ?

ARLEQUIN. — Quand j'ai donné mon amitié à quelqu'un, jamais je ne l'oublie, surtout à table. Mais, à propos de Silvia, est-elle encore avec sa mère ?

TRIVELIN. — Mais, Seigneur Arlequin, songerez-vous toujours à Silvia ?

ARLEQUIN. — Taisez-vous quand je parle.

FLAMINIA. — Vous avez tort, Trivelin.

TRIVELIN. — Comment ! j'ai tort !

FLAMINIA. — Oui : pourquoi l'empêchez-vous de parler de ce[3] qu'il aime ?

TRIVELIN. — A ce que je vois, Flaminia, vous vous souciez beaucoup des intérêts du Prince !

FLAMINIA, *comme épouvantée*. — Arlequin, cet homme-là me fera des affaires à cause de vous.

---

1. *Tenir contre* : résister à ; **2.** Noter le singulier ; Arlequin ne commence-t-il pas déjà à oublier un peu Silvia ? **3.** *Ce qui, ce que* s'employaient couramment au XVIIIe siècle pour désigner des personnes

ARLEQUIN, *en colère*. — Non, ma bonne. *(A Trivelin.)* Écoute : je suis ton maître, car tu me l'as dit; je n'en savais rien. Fainéant que tu es! s'il t'arrive de faire le rapporteur et qu'à cause de toi on fasse seulement la moue à cette honnête fille-là, c'est deux oreilles que tu auras de moins; je te les garantis dans ma poche.

TRIVELIN. — Je ne suis pas à cela près, et je veux faire mon devoir.

ARLEQUIN. — Deux oreilles; entends-tu bien à présent? Va-t'en.

TRIVELIN. — Je vous pardonne tout à vous, car enfin il le faut; mais vous me le payerez, Flaminia.

(Arlequin veut retourner sur lui, et Flaminia l'arrête.)

Scène VI. — ARLEQUIN, FLAMINIA.

ARLEQUIN, *quand il est revenu, dit*. — Cela est terrible! Je n'ai trouvé ici qu'une personne qui entende la raison, et l'on vient chicaner ma conversation avec elle. Ma chère Flaminia, à présent parlons de Silvia à notre aise; quand je ne la vois point, il n'y a qu'avec vous que je m'en[1] passe.

FLAMINIA, *d'un air simple*. — Je ne suis point ingrate; il n'y a rien que je ne fisse[2] pour vous rendre contents tous deux; et d'ailleurs, vous êtes si estimable, Arlequin, que, quand je vois qu'on vous chagrine, je souffre autant que vous.

ARLEQUIN. — La bonne sorte de fille! Toutes les fois que vous me plaignez, cela m'apaise; je suis la moitié moins fâché d'être triste.

FLAMINIA. — Pardi! qui est-ce qui ne vous plaindrait pas? Qui est-ce qui ne s'intéresserait pas à vous? Vous ne connaissez pas ce que vous valez, Arlequin.

ARLEQUIN. — Cela se peut bien; je n'y ai jamais regardé de si près.

---

1. *En* est encore d'usage courant pour désigner des personnes; 2. *Fisse* : « subjonctif du conditionnel »; « quoique le premier verbe soit au présent, on peut mettre le second à l'imparfait ou au plus-que-parfait du subjonctif quand il doit y avoir dans la phrase une expression conditionnelle : « Il n'est point d'homme, quelque mérite qu'il ait, qui ne *fût* très mortifié s'il savait tout ce qu'on pense de lui ». Ici, la conditionnelle n'est pas exprimée, mais peut être aisément suppléée : « il n'y a rien que je ne fisse, si vous me le demandiez » (de Wailly, *Principes généraux et particuliers de la langue française*, 1754).

FLAMINIA. — Si vous saviez combien il m'est cruel de n'avoir point de pouvoir! si vous lisiez dans mon cœur.

ARLEQUIN. — Hélas! je ne sais point lire, mais vous me l'expliquerez. Par la mardi[1]! je voudrais n'être plus affligé, quand ce ne serait que pour l'amour du[2] souci que cela vous donne; mais cela viendra.

FLAMINIA, *d'un ton triste.* — Non, je ne serai jamais témoin de votre contentement, voilà qui est fini; Trivelin causera, l'on me séparera d'avec vous; et que sais-je, moi, où l'on m'emmènera? Arlequin, je vous parle peut-être pour la dernière fois, et il n'y a plus de plaisir pour moi dans le monde.

ARLEQUIN, *triste.* — Pour la dernière fois! j'ai donc bien du guignon? Je n'ai qu'une pauvre maîtresse, ils me l'ont emportée; vous emporteraient-ils encore? et où est-ce que je prendrai du courage pour endurer tout cela? Ces gens-là croient-ils que j'ai un cœur de fer? ont-ils entrepris mon trépas? seront-ils aussi[3] barbares?

FLAMINIA. — En tout cas, j'espère que vous n'oublierez jamais Flaminia, qui n'a rien tant souhaité que votre bonheur.

ARLEQUIN. — M'amie, vous me gagnez le cœur. Conseillez-moi dans ma peine, avisons-nous[4]; quelle est votre pensée? Car je n'ai pas d'esprit, moi, quand je suis fâché. Il faut que j'aime Silvia; il faut que je vous garde; il ne faut pas que mon amour pâtisse de notre amitié, ni notre amitié de mon amour; et me voilà bien embarrassé.

FLAMINIA. — Et moi bien malheureuse! Depuis que j'ai perdu mon amant, je n'ai eu de repos qu'en votre compagnie, je respire avec vous; vous lui ressemblez tant, que je crois quelquefois lui parler; je n'ai vu dans le monde que vous et lui de si aimables.

ARLEQUIN. — Pauvre fille! il est fâcheux que j'aime Silvia; sans cela je vous donnerais de bon cœur la ressemblance de votre amant. C'était donc un joli garçon?

FLAMINIA. — Ne vous ai-je pas dit qu'il était comme vous, que vous étiez son portrait?

---

1. *Par la mardi :* déformation sans doute de « par la mère de Dieu », ou de « par la mort de Dieu »; 2. *Pour l'amour du :* à cause du, ou par crainte du; 3. *Aussi :* au sens de *tant, tellement ;* 4. *Avisons-nous :* consultons-nous, échangeons nos avis.

ARLEQUIN. — Et vous l'aimiez donc beaucoup ?

FLAMINIA. — Regardez-vous, Arlequin ; voyez combien vous méritez d'être aimé, et vous verrez combien je l'aimais.

ARLEQUIN. — Je n'ai vu personne répondre si[1] doucement que vous. Votre amitié se met partout. Je n'aurais jamais cru être si joli que vous le dites ; mais puisque vous aimiez tant ma copie, il faut bien croire que l'original mérite quelque chose.

FLAMINIA. — Je crois que vous m'auriez encore plu davantage ; mais je n'aurais pas été assez belle pour vous.

ARLEQUIN, *avec feu*. — Par la sambille[2] ! je vous trouve charmante avec cette pensée-là !

FLAMINIA. — Vous me troublez, il faut que je vous quitte ; je n'ai que trop de peine à m'arracher d'auprès de vous ; mais où cela nous conduirait-il ? Adieu, Arlequin ; je vous verrai toujours si on me le permet ; je ne sais où je suis.

ARLEQUIN. — Je suis tout de même.

FLAMINIA. — J'ai trop de plaisir à vous voir.

ARLEQUIN. — Je ne vous refuse pas ce plaisir-là, moi ; regardez-moi à votre aise, je vous rendrai la pareille.

FLAMINIA, *s'en allant*. — Je n'oserais ; adieu.

ARLEQUIN, *regardant sortir Flaminia*. — Ce pays-ci n'est pas digne d'avoir cette fille-là. Si par quelque malheur Silvia venait à manquer, dans mon désespoir, je crois que je me retirerais avec elle.

SCÈNE VII. — TRIVELIN *arrive avec un* SEIGNEUR *qui vient derrière lui*, ARLEQUIN.

TRIVELIN. — Seigneur Arlequin, n'y a-t-il point de risque à reparaître ? N'est-ce point compromettre mes épaules ? car vous jouez merveilleusement de votre épée de bois.

ARLEQUIN. — Je serai bon quand vous serez sage.

TRIVELIN. — Voilà un seigneur qui demande à vous par-

---

1. *Si*, au sens de *aussi* ; cf. p. 33, note 2 ; 2. Marivaux a déjà mis dans la bouche d'Arlequin (*la Surprise de l'amour*, III, 1) cette expression, déformation probable de *par la sambleu*, ou *palsembleu*, elles-mêmes tirées de *par le sang de Dieu*.

ler. *(Le Seigneur approche et fait des révérences qu'Arlequin lui rend.)*

ARLEQUIN, *à part*. — J'ai vu cet homme-là quelque part.

LE SEIGNEUR. — Je viens vous demander une grâce; mais ne vous incommoderai-je point, Monsieur Arlequin?

ARLEQUIN. — Non, Monsieur; vous ne me faites ni bien ni mal, en vérité. *(Et voyant le Seigneur qui se couvre.)* Vous n'avez seulement qu'à me dire si je dois aussi mettre mon chapeau.

LE SEIGNEUR. — De quelque façon que vous soyez, vous me ferez honneur.

ARLEQUIN, *se couvrant*. — Je vous crois, puisque vous le dites. Que souhaite de moi Votre Seigneurie? Mais ne faites point de compliments, ce serait autant de perdu, car je n'en sais point rendre.

LE SEIGNEUR. — Ce ne sont point des compliments, mais des témoignages d'estime.

ARLEQUIN. — Galbanum[1] que tout cela! Votre visage ne m'est point nouveau, Monsieur; je vous ai vu quelque part à la chasse, où vous jouiez de la trompette; je vous ai ôté mon chapeau en passant, et vous me devez ce coup de chapeau-là.

LE SEIGNEUR. — Quoi! Je ne vous saluai point?

ARLEQUIN. — Pas un brin.

LE SEIGNEUR. — Je ne m'aperçus donc pas de votre honnêteté[2]?

ARLEQUIN. — Oh que si[3]! Mais vous n'aviez pas de grâce à me demander; voilà pourquoi je perdis mon étalage[4].

LE SEIGNEUR. — Je ne me reconnais point à cela.

ARLEQUIN. — Ma foi! vous n'y perdez rien. Mais que vous plaît-il?

---

1. *Galbanum*: de l'hébreu *chelbenah*, espèce de gomme : « bailler le galbanum, c'est tromper, duper. Notre peuple se sert fort de cette façon de parler, qui peut avoir été prise de ce que pour faire tomber les renards dans le piège, on y met des rôties frottées de galbanum, dont l'odeur plaît extrêmement aux renards et les attire au lieu où ils en sentent » (Brieux, *Origine de quelques coutumes et façons de parler*, Caen, 1672); 2. *Honnêteté* : « manière d'agir polie, civile et pleine d'honneur » (Richelet, 1680); ici, plus précisément, qualité d'honnête homme; 3. *Que si* : cf. p. 47, note 2; 4. Vous ne m'avez pas rendu ma politesse.

LE SEIGNEUR. — Je compte sur votre bon cœur; voici ce que c'est : j'ai eu le malheur de parler cavalièrement de vous devant le Prince...

ARLEQUIN. — Vous n'avez encore qu'à ne vous pas reconnaître à cela.

LE SEIGNEUR. — Oui, mais le Prince s'est fâché contre moi.

ARLEQUIN. — Il n'aime donc pas les médisants?

LE SEIGNEUR. — Vous le voyez bien.

ARLEQUIN. — Oh! oh! voilà qui me plaît; c'est un honnête homme; s'il ne me retenait pas ma maîtresse, je serais fort content de lui. Et que vous a-t-il dit? que vous étiez un malappris?

LE SEIGNEUR. — Oui.

ARLEQUIN. — Cela est très raisonnable. De quoi vous plaignez-vous?

LE SEIGNEUR. — Ce n'est pas là tout : « Arlequin, m'a-t-il répondu, est un garçon d'honneur. Je veux qu'on l'honore, puisque je l'estime; la franchise et la simplicité de son caractère sont des qualités que je voudrais que vous eussiez tous. Je nuis à son amour et je suis au désespoir que le mien m'y force ».

ARLEQUIN, *attendri*. — Par la morbleu! je suis son serviteur; franchement, je fais cas de lui, et je croyais être plus en colère contre lui que je ne le suis.

LE SEIGNEUR. — Ensuite il m'a dit de me retirer; mes amis là-dessus ont tâché de le fléchir pour moi.

ARLEQUIN. — Quand ces amis-là s'en iraient aussi avec vous, il n'y aurait pas grand mal; car, dis-moi qui tu hantes, je te dirai qui tu es.

LE SEIGNEUR. — Il s'est aussi fâché contre eux.

ARLEQUIN. — Que le Ciel bénisse cet homme de bien; il a vidé là sa maison d'une mauvaise graine de gens.

LE SEIGNEUR. — Et nous ne pouvons reparaître tous qu'à condition que vous demandiez notre grâce.

ARLEQUIN. — Par ma foi! Messieurs, allez où il vous plaira; je vous souhaite un bon voyage.

LE SEIGNEUR. — Quoi! vous refuserez de prier pour moi? Si vous n'y consentiez pas, ma fortune serait ruinée; à présent qu'il ne m'est plus permis de voir le Prince, que ferais-je à la cour? Il faudra que je m'en aille dans mes terres, car je suis comme exilé.

ARLEQUIN. — Comment! être exilé, ce n'est donc point vous faire d'autre mal que de vous envoyer manger votre bien chez vous?

LE SEIGNEUR. — Vraiment non; voilà ce que c'est.

ARLEQUIN. — Et vous vivrez là paix et aise[1]; vous ferez vos quatre repas comme à l'ordinaire?

LE SEIGNEUR. — Sans doute; qu'y a-t-il d'étrange à cela?

ARLEQUIN. — Ne me trompez-vous pas? Est-il sûr qu'on est exilé quand on médit?

LE SEIGNEUR. — Cela arrive assez souvent.

ARLEQUIN, *saute d'aise*. — Allons, voilà qui est fait, je m'en vais médire du premier venu, et j'avertirai Silvia et Flaminia d'en faire autant.

LE SEIGNEUR. — Et la raison de cela?

ARLEQUIN. — Parce que je veux aller en exil, moi. De la manière dont on punit les gens ici, je vais gager qu'il y a plus de gain à être puni que récompensé.

LE SEIGNEUR. — Quoi qu'il en soit, épargnez-moi cette punition-là, je vous prie. D'ailleurs ce que j'ai dit de vous n'est pas grand-chose.

ARLEQUIN. — Qu'est-ce que c'est?

LE SEIGNEUR. — Une bagatelle, vous dis-je.

ARLEQUIN. — Mais voyons.

LE SEIGNEUR. — J'ai dit que vous aviez l'air d'un homme ingénu, sans malice; là, d'un garçon de bonne foi.

ARLEQUIN, *rit de tout son cœur*. — L'air d'un innocent, pour parler à la franquette[2]; mais qu'est-ce que cela fait? Moi, j'ai l'air d'un innocent; vous, vous avez l'air d'un homme d'esprit; eh bien! à cause de cela faut-il s'en fier à notre air? N'avez-vous rien dit que cela?

---

1. Proverbialement, *être paix et aise* c'est « avoir toutes ses commodités et en jouir en repos » (*Acad.*, 1694); 2. *A la franquette :* « façon de parler adverbiale et populaire pour dire franchement, ingénuement » (*Acad.*, 1694).

LE SEIGNEUR. — Non; j'ai ajouté seulement que vous donniez la comédie à ceux qui vous parlaient.

ARLEQUIN. — Pardi! il faut bien vous donner votre revanche à vous autres. Voilà donc tout?

LE SEIGNEUR. — Oui.

ARLEQUIN. — C'est se moquer; vous ne méritez pas d'être exilé, vous avez cette bonne fortune-là pour rien.

LE SEIGNEUR. — N'importe; empêchez que je ne le sois. Un homme comme moi ne peut demeurer qu'à la cour. Il n'est en considération, il n'est en état de pouvoir se venger de ses envieux qu'autant qu'il se rend agréable au Prince, et qu'il cultive l'amitié de ceux qui gouvernent les affaires.

ARLEQUIN. — J'aimerais mieux cultiver un bon champ, cela rapporte toujours un peu ou prou[1], et je me doute que l'amitié de ces gens-là n'est pas aisée à avoir ni à garder.

LE SEIGNEUR. — Vous avez raison dans le fond : ils ont quelquefois des caprices fâcheux, mais on n'oserait s'en ressentir[2], on les ménage, on est souple avec eux, parce que c'est par leur moyen que vous vous vengez des autres.

ARLEQUIN. — Quel trafic! c'est justement recevoir des coups de bâtons d'un côté, pour avoir le privilège d'en donner d'un autre; voilà une drôle de vanité! A vous voir si humble, vous autres, on ne croirait jamais que vous êtes si glorieux.

LE SEIGNEUR. — Nous sommes élevés là-dedans. Mais écoutez, vous n'aurez point de peine à me remettre en faveur; car vous connaissez bien Flaminia?

ARLEQUIN. — Oui, c'est mon intime.

LE SEIGNEUR. — Le Prince a beaucoup de bienveillance pour elle; elle est la fille d'un de ses officiers; et je me suis imaginé de lui faire sa fortune en la mariant à un petit-cousin que j'ai à la campagne, que je gouverne et qui est riche. Dites-le au Prince; mon dessein me conciliera ses bonnes grâces.

ARLEQUIN. — Oui, mais ce n'est pas là le chemin des miennes; car je n'aime point qu'on épouse mes amies, moi, et vous n'imaginez rien qui vaille avec votre petit-cousin.

---

1. Encore une expression familière; 2. *Se ressentir :* garder le souvenir (d'un outrage); cf. ressentiment.

LE SEIGNEUR. — Je croyais...

ARLEQUIN. — Ne croyez plus.

LE SEIGNEUR. — Je renonce à mon projet.

ARLEQUIN. — N'y manquez pas; je vous promets mon intercession, sans que le petit-cousin s'en mêle.

LE SEIGNEUR. — Je vous aurai beaucoup d'obligation; j'attends l'effet de vos promesses. Adieu, Monsieur Arlequin.

ARLEQUIN. — Je suis votre serviteur! Diantre! je suis en crédit, car on fait ce que je veux. Il ne faut rien dire à Flaminia du cousin.

Scène VIII. — ARLEQUIN, FLAMINIA.

FLAMINIA, *arrive*. — Mon cher, je vous amène Silvia; elle me suit.

ARLEQUIN. — Mon amie, vous deviez[1] bien venir m'avertir plus tôt; nous l'aurions attendue en causant ensemble.

Scène IX. — SILVIA, ARLEQUIN, FLAMINIA.

SILVIA. — Bonjour, Arlequin. Ah! que je viens d'essayer un bel habit! Si vous me voyiez, en vérité, vous me trouveriez jolie; demandez à Flaminia. Ah! ah! si je portais ces habits-là, les femmes d'ici seraient bien attrapées; elles ne diraient pas que j'ai l'air gauche. Oh! que les ouvrières d'ici sont habiles!

ARLEQUIN. — Ah! m'amour! elles ne sont pas si habiles que vous êtes bien faite.

SILVIA. — Si je suis bien faite, Arlequin, vous n'êtes pas moins honnête.

FLAMINIA. — Du moins ai-je le plaisir de vous voir un peu plus contents à présent.

SILVIA. — Eh! dame, puisqu'on ne nous gêne plus, j'aime autant être ici qu'ailleurs. Qu'est-ce que cela fait d'être là ou là? On s'aime partout.

---

1. Imparfait à sens de conditionnel; emploi classique avec les verbes de possibilité, d'obligation, de nécessité.

ARLEQUIN. — Comment, nous gêner! On envoie les gens me demander pardon pour la moindre impertinence qu'ils disent de moi.

SILVIA, *d'un air content.* — J'attends une dame aussi, moi, qui viendra devant moi se repentir de ne m'avoir pas trouvée belle.

FLAMINIA. — Si quelqu'un vous fâche dorénavant, vous n'avez qu'à m'en avertir.

ARLEQUIN. — Pour cela, Flaminia nous aime comme si nous étions frère et sœurs. *(Il dit cela à Flaminia.)* Aussi, de notre part, c'est queussi-queumi[1].

SILVIA. — Devinez, Arlequin, qui j'ai encore rencontré ici? Mon amoureux qui venait me voir chez nous, ce grand monsieur si bien tourné. Je veux que vous soyez amis ensemble, car il a bon cœur aussi.

ARLEQUIN, *d'un air négligent.* — A la bonne heure; je suis de tous[2] bons accords.

SILVIA. — Après tout, quel mal y a-t-il qu'il me trouve à son gré? Prix pour prix, les gens qui nous aiment sont de meilleure compagnie que ceux qui ne se soucient pas de nous, n'est-il pas vrai?

FLAMINIA. — Sans doute?

ARLEQUIN, *gaiement.* — Mettons encore Flaminia, elle se soucie de nous, et nous ferons partie carrée.

FLAMINIA. — Arlequin, vous me donnez là une marque d'amitié que je n'oublierai point.

ARLEQUIN. — Ah çà! puisque nous voilà ensemble, allons faire une collation; cela amuse.

SILVIA. — Allez, allez, Arlequin. A cette heure que[3] nous nous voyons quand nous voulons, ce n'est pas la peine de nous ôter notre liberté à nous-mêmes; ne vous gênez point.
(Arlequin fait signe à Flaminia de venir.)

FLAMINIA, *sur son geste, dit.* — Je m'en vais avec vous; aussi bien voilà quelqu'un qui entre et qui tiendra compagnie à Silvia.

---

1. *Queussi-queumi :* expression populaire pour *pareillement ;* on la trouve déjà chez Molière, *le Bourgeois gentilhomme* (III, x), dans la bouche de Coviello; **2.** La suppression de l'article est conforme à l'ancien usage classique, mais vieillit au XVIIIe siècle : cf. « Toutes innovations sont dangereuses » (Rousseau, *Lettre sur les spectacles*); **3.** *A cette heure que :* tour vieilli, selon Féraud.

Scène X. — LISETTE *entre avec quelques femmes pour témoins de ce qu'elle va faire, et qui restent derrière,* SILVIA. *Lisette fait de grandes révérences.*

SILVIA, *d'un air un peu piqué.* — Ne faites point tant de révérences, Madame; cela m'exemptera de vous en faire; je m'y prends de si mauvaise grâce, à votre fantaisie.

LISETTE, *d'un ton triste.* — On ne vous trouve que trop de mérite.

SILVIA. — Cela se passera. Ce n'est pas moi qui ai envie de plaire, telle que vous me voyez; il me fâche assez d'être si jolie, et que vous ne soyez pas assez belle.

LISETTE. — Ah! quelle situation!

SILVIA. — Vous soupirez à cause d'une petite villageoise, vous êtes bien de loisir[1]; et où avez-vous mis votre langue de tantôt, Madame? Est-ce que vous n'avez plus de caquet quand il faut bien dire?

LISETTE. — Je ne puis me résoudre à parler.

SILVIA. — Gardez donc le silence, car, lorsque vous vous lamenteriez jusqu'à demain, mon visage n'empirera pas; beau ou laid, il restera comme il est. Qu'est-ce que vous me voulez? est-ce que vous ne m'avez pas assez querellée? Eh bien! achevez, prenez-en votre suffisance.

LISETTE. — Épargnez-moi, Mademoiselle! l'emportement que j'ai eu contre vous a mis toute ma famille dans l'embarras; le Prince m'oblige à venir vous faire une réparation, et je vous prie de la recevoir sans me railler.

SILVIA. — Voilà qui est fini, je ne me moquerai plus de vous; je sais bien que l'humilité n'accommode pas les glorieux, mais la rancune donne de la malice. Cependant, je plains votre peine, et je vous pardonne : de quoi aussi vous avisiez-vous de me mépriser?

LISETTE. — J'avais cru m'apercevoir que le Prince avait quelque inclination pour moi et je ne croyais pas en être indigne; mais je vois bien que ce n'est pas toujours aux agréments qu'on se rend.

---

1. *Être de loisir :* « s'amuser à des bagatelles, ou s'occuper l'esprit de choses qui ne nous regardent point » (*Acad.*, 1694).

SILVIA, *d'un ton vif*. — Vous verrez que c'est à la laideur et à la mauvaise façon, à cause qu'[1]on se rend à moi. Comme ces jalouses ont l'esprit tourné!

LISETTE. — Eh bien! oui, je suis jalouse, il est vrai; mais puisque vous n'aimez pas le Prince, aidez-moi à le remettre dans les dispositions où j'ai cru qu'il était pour moi; il est sûr que je ne lui déplaisais pas, et je le guérirai de l'inclination qu'il a pour vous, si vous me laissez faire.

SILVIA, *d'un air piqué*. — Croyez-moi, vous ne le guérirez de rien; mon avis est que cela vous passe.

LISETTE. — Cependant cela me paraît possible; car enfin, je ne suis ni si maladroite ni si désagréable.

SILVIA. — Tenez, tenez, parlons d'autre chose; vos bonnes qualités m'ennuient.

LISETTE. — Vous me répondez d'une étrange manière! Quoi qu'il en soit, avant qu'il soit quelques jours, nous verrons si j'ai si peu de pouvoir.

SILVIA, *vivement*. — Oui, nous verrons des balivernes. Pardi! Je parlerai au Prince; il n'a pas encore osé me parler, lui, à cause que je suis trop fâchée; mais je lui ferai dire qu'il s'enhardisse, seulement pour voir.

LISETTE. — Adieu, Mademoiselle; chacune de nous fera ce qu'elle pourra. J'ai satisfait à[2] ce qu'on attendait de moi à votre égard, et je vous prie d'oublier tout ce qui s'est passé entre nous.

SILVIA, *brusquement*. — Marchez, marchez, je ne sais pas seulement si vous êtes au monde.

Scène XI. — SILVIA, FLAMINIA.

FLAMINIA. — Qu'avez-vous, Silvia? Vous êtes bien émue?

SILVIA. — J'ai... que je suis en colère. Cette impertinente femme de tantôt est venue pour me demander pardon; et, sans faire semblant de rien, voyez la méchanceté, elle m'a encore fâchée, m'a dit que c'était à ma laideur qu'on se rendait; qu'elle était plus agréable, plus adroite que moi;

---

1. *A cause que* : style familier; cf. « C'est *à cause que* je n'en veux pas commettre une » (Marivaux, *le Paysan parvenu*, I); 2. *Satisfaire à* : « remplir son devoir envers »; distinct de *satisfaire*, construit directement : « contenter ».

qu'elle ferait bien passer l'amour du Prince, qu'elle allait travailler pour cela; que je verrai... pati, pata; que sais-je moi, tout ce qu'elle mit en avant contre mon visage! Est-ce que je n'ai pas raison d'être piquée?

FLAMINIA, *d'un air vif et d'intérêt.* — Écoutez; si vous ne faites taire tous ces gens-là, il faut vous cacher pour toute votre vie.

SILVIA. — Je ne manque pas de bonne volonté; mais c'est Arlequin qui m'embarrasse.

FLAMINIA. — Eh! je vous entends; voilà un amour aussi[1] mal placé, qui se rencontre là aussi mal à propos qu'il se puisse.

SILVIA. — Oh! j'ai toujours eu du guignon dans les rencontres.

FLAMINIA. — Mais si Arlequin vous voit sortir de la cour et méprisée, pensez-vous que cela le réjouisse?

SILVIA. — Il ne m'aimera pas tant, voulez-vous dire?

FLAMINIA. — Il y a tout à craindre.

SILVIA. — Vous me faites rêver[2] à une chose. Ne trouvez-vous pas qu'il est un peu négligent depuis que nous sommes ici? Il m'a quittée tantôt[3] pour aller goûter; voilà une belle excuse!

FLAMINIA. — Je l'ai remarqué comme vous; mais ne me trahissez pas au moins; nous nous parlons de fille à fille. Dites-moi, après tout, l'aimez-vous tant, ce garçon?

SILVIA, *d'un air indifférent.* — Mais vraiment, oui, je l'aime; il le faut bien.

FLAMINIA. — Voulez-vous que je vous dise? Vous me paraissez mal assortis ensemble. Vous avez du goût, de l'esprit, l'air fin et distingué; il a l'air pesant, les manières grossières; cela ne cadre point et je ne comprends pas comment vous l'avez aimé; je vous dirai même que cela vous fait tort.

---

1. Certains éditeurs modernes, contrairement aux éditions du temps de Marivaux, placent *aussi* entre virgules. Cela ne semble pas utile; *aussi mal placé* est, comme *aussi mal à propos*, en corrélation avec *qu'il se puisse ;* **2.** *Rêver :* cf. p. 38, note 1; **3.** *Tantôt* exprime encore, comme au xviiᵉ siècle, soit un passé rapproché (dans ce passage), soit un futur proche, soit un présent indéterminé.

SILVIA. — Mettez-vous à ma place. C'était le garçon le plus passable de nos cantons; il demeurait dans mon village; il était mon voisin; il est assez facétieux, je suis de bonne humeur; il me faisait quelquefois rire; il me suivait partout; il m'aimait; j'avais coutume de le voir, et de coutume en coutume, je l'ai aimé aussi, faute de mieux; mais j'ai toujours bien vu qu'il était enclin au vin et à la gourmandise.

FLAMINIA. — Voilà de jolies vertus, surtout dans l'amant de l'aimable et tendre Silvia! Mais à quoi vous déterminez-vous donc?

SILVIA. — Je ne puis que dire; il me passe tant de oui et de non par la tête, que je ne sais auquel entendre[1]. D'un côté, Arlequin est un petit négligent qui ne songe ici qu'à manger; d'un autre côté, si on me renvoie, ces glorieuses[2] de femmes feront accroire[3] partout qu'on m'aura dit : « Va-t'en, tu n'es pas assez jolie. » D'un autre côté, ce monsieur que j'ai retrouvé ici...

FLAMINIA. — Quoi?

SILVIA. — Je vous le dis en secret; je ne sais ce qu'il m'a fait depuis que je l'ai revu; mais il m'a toujours paru si doux, il m'a dit des choses si tendres, il m'a conté son amour d'un air si poli, si humble, que j'en ai une véritable pitié, et cette pitié-là m'empêche encore d'être la maîtresse de moi.

FLAMINIA. — L'aimez-vous?

SILVIA. — Je ne crois pas, car je dois aimer Arlequin.

FLAMINIA. — Ce monsieur est un homme aimable.

SILVIA. — Je le sens bien.

FLAMINIA. — Si vous négligiez de vous venger pour l'épouser[4], je vous pardonnerais; voilà la vérité.

SILVIA. — Si Arlequin se mariait à une autre fille que moi, à la bonne heure. Je serais en droit de lui dire : « Tu m'as quittée, je te quitte, je prends ma revanche »; mais il n'y a

---

1. *Entendre*, construit avec à : « donner son consentement, consentir, approuver » (*Acad.*, 1694); 2. *Glorieux :* « plein de vanité, rempli de trop bonne opinion de soi-même » (*Acad.*, 1694); 3. *Accroire :* « n'a d'usage qu'à l'infinitif, se met toujours après le verbe *faire* et signifie : faire croire ce qui n'est pas » (*Acad.*, 1694); 4. Entendre ici sans doute : si vous négligiez de vous venger [de ces femmes qui vous croient incapable de plaire au prince] en n'épousant pas le Prince, pour épouser... l'officier. Mais l'expression de Flaminia est bien subtile, et elle joue un peu trop de l'ignorance où est Silvia de la véritable identité de son amoureux!

rien à faire. Qui est-ce qui voudrait Arlequin ici, rude et bourru[1] comme il est?

FLAMINIA. — Il n'y a pas presse, entre nous. Pour moi, j'ai toujours eu dessein de passer ma vie aux champs; Arlequin est grossier; je ne l'aime point, mais je ne le hais pas; et, dans les sentiments où je suis, s'il voulait, je vous en débarrasserais volontiers pour vous faire plaisir.

SILVIA. — Mais mon plaisir, où est-il? Il n'est ni là, ni là; je le cherche.

FLAMINIA. — Vous verrez le Prince aujourd'hui. Voici ce cavalier qui vous plaît; tâchez de prendre votre parti. Adieu, nous nous retrouverons tantôt[2].

Scène XII. — SILVIA, LE PRINCE.

SILVIA. — Vous venez; vous allez encore me dire que vous m'aimez, pour me mettre davantage en peine.

LE PRINCE. — Je venais voir si la dame qui vous a fait insulte s'était bien acquittée de son devoir. Quant à moi, belle Silvia, quand mon amour vous fatiguera, quand je vous déplairai moi-même, vous n'avez qu'à m'ordonner de me taire et de me retirer; je me tairai, j'irai où vous voudrez, et je souffrirai sans me plaindre, résolu de[3] vous obéir en tout.

SILVIA. — Ne voilà-t-il pas? Ne l'ai-je pas bien dit? Comment voulez-vous que je vous renvoie? Vous vous tairez, s'il me plaît; vous vous en irez, s'il me plaît; vous n'oserez pas vous plaindre, vous m'obéirez en tout. C'est bien là le moyen de faire que je vous commande quelque chose!

LE PRINCE. — Mais que puis-je mieux que de[4] vous rendre maîtresse de mon sort?

SILVIA. — Qu'est-ce que cela avance? Vous rendrai-je malheureux? en aurai-je le courage? Si je vous dis: « Allez vous-en », vous croirez que je vous hais; si je vous dis de vous taire, vous croirez que je ne me soucie pas de vous;

---

1. *Bourru* : « fantasque, bizarre, extravagant » (*Acad.*, 1694); 2. *Tantôt* : ici futur proche, mais cet emploi est du style familier; 3. *Résoudre* se construit avec *de* quand il est neutre ou passif, avec *à* quand il est actif ou réciproque, selon Féraud : cf. « *Résolu, selon tes ordres, d'employer cet intervalle...* » (Rousseau, *la Nouvelle Héloïse*, I, 60); 4. *Que de* : construction normale après les expressions comparatives; cf. « Je ne demande pas mieux *que de* me tromper » (*le Jeu de l'amour et du hasard*, III, VIII).

et toutes ces croyances ne seront pas vraies; elles vous affligeront; en serai-je plus à mon aise après?

LE PRINCE. — Que voulez-vous donc que je devienne, belle Silvia?

SILVIA. — Oh! ce que je veux! j'attends qu'on me le dise; j'en suis encore plus ignorante que vous. Voilà Arlequin qui m'aime; voilà le Prince qui demande mon cœur; voilà vous qui mériteriez de l'avoir; voilà ces femmes qui m'injurient et que je voudrais punir; voilà que j'aurai un affront, si je n'épouse pas le Prince; Arlequin m'inquiète; vous me donnez du souci, vous m'aimez trop; je voudrais ne vous avoir jamais connu, et je suis bien malheureuse d'avoir tout ce tracas-là dans la tête.

LE PRINCE. — Vos discours me pénètrent, Silvia. Vous êtes trop touchée de ma douleur; ma tendresse, toute grande qu'elle est, ne vaut pas le chagrin que vous avez de ne pouvoir m'aimer.

SILVIA. — Je pourrais bien vous aimer; cela ne serait pas difficile, si je le voulais.

LE PRINCE. — Souffrez donc que je m'afflige, et ne m'empêchez pas de vous regretter toujours.

SILVIA, *comme impatiente*. — Je vous en avertis, je ne saurais supporter de vous voir si tendre; il semble que vous le fassiez exprès. Y a-t-il de la raison à cela? Pardi! j'aurai moins de mal à vous aimer tout à fait qu'à être comme je suis. Pour moi, je laisserai tout là, voilà ce que vous gagnerez.

LE PRINCE. — Je ne veux donc plus vous être à charge; vous souhaitez que je vous quitte; je ne dois pas résister aux volontés d'une personne si chère. Adieu, Silvia.

SILVIA, *vivement*. — *Adieu, Silvia!* je vous querellerais volontiers; où allez-vous? Restez-là, c'est ma volonté; je la sais mieux que vous, peut-être.

LE PRINCE. — J'ai cru vous obliger.

SILVIA. — Quel train que tout cela! Que faire d'Arlequin? Encore si c'était vous qui fût[1] le Prince!

---

1. *Fût.* L'accord est absolument irrégulier; cf. p. 47, note 3; mais le verbe reste souvent à la 3ᵉ personne du singulier quand il est au subjonctif potentiel : « Je n'ai trouvé que vous qui *fût* digne de moi » (Corneille, *Psyché*, IV, III, v. 1471).

LE PRINCE, *d'un air ému.* — Et quand je le serais?

SILVIA. — Cela serait différent, parce que je dirais à Arlequin que vous prétendriez être le maître; ce serait mon excuse; mais il n'y a que pour vous que je voudrais prendre cette excuse-là.

LE PRINCE, *à part.* — Qu'elle est aimable! il est temps de dire qui je suis.

SILVIA. — Qu'avez-vous? est-ce que je vous fâche? Ce n'est pas à cause de la principauté que je voudrais que vous fussiez prince, c'est seulement à cause de vous tout seul; et, si vous l'étiez, Arlequin ne saurais pas que je vous prendrais par amour; voilà ma raison. Mais non, après tout, il vaut mieux que vous ne soyez pas le maître; cela me tenterait trop. Et, quand vous le seriez, tenez, je ne pourrais me résoudre à être une infidèle; voilà qui est fini.

LE PRINCE, *à part, les premiers mots.* — Différons encore de l'instruire. Silvia, conservez-moi seulement les bontés que vous avez pour moi. Le Prince vous a fait préparer un spectacle; permettez que je vous y accompagne et que je profite de toutes les occasions d'être avec vous. Après la fête, vous verrez le Prince, et je suis chargé de vous dire que vous serez libre de vous retirer, si votre cœur ne vous dit rien pour lui.

SILVIA. — Oh! il ne me dira pas un mot; c'est tout comme si j'étais partie; mais quand je serai chez nous, vous y viendrez; eh! que sait-on ce qui peut arriver? Peut-être que vous m'aurez. Allons-nous-en toujours, de peur qu'Arlequin ne vienne[1].

---

1. A la première représentation, si l'on en croit le *Mercure* d'avril 1723, cette scène (et avec elle l'acte II) se terminait autrement : « Lélio, profitant des bonnes dispositions où il a trouvé Silvia, dit en effet le compte rendu, lui a déjà découvert son rang, elle a capitulé de manière à faire croire que la place était déjà rendue. » Cette « révélation » de la véritable personnalité du Prince a été reculée par Marivaux à la scène IX et avant-dernière de l'acte III. *Le Mercure* trouvait que l'action avait paru « un peu trop avancée avant d'arriver au troisième acte »; par suite, Marivaux fut également contraint de modifier la scène v de l'acte III, entre le Prince et Arlequin; cf. *infra*.

ACTE III

SCÈNE PREMIÈRE. — LE PRINCE, FLAMINIA.

FLAMINIA. — Oui, Seigneur, vous avez fort bien fait de ne pas vous découvrir tantôt[1], malgré tout ce que Silvia vous a dit de tendre; ce retardement ne gâte rien et lui laisse le temps de se confirmer dans le penchant qu'elle a pour vous. Grâces au ciel, vous voilà presque arrivé où vous souhaitiez.

LE PRINCE. — Ah! Flaminia, qu'elle est aimable!

FLAMINIA. — Elle l'est infiniment.

LE PRINCE. — Je ne connais rien[2] comme elle, parmi les gens du monde. Quand une maîtresse, à force d'amour, nous dit clairement : « Je vous aime », cela fait assurément un grand plaisir. Eh bien, Flaminia, ce plaisir-là, imaginez-vous qu'il n'est que fadeur, qu'il n'est qu'ennui, en comparaison du plaisir que m'ont donné les discours de Silvia, qui ne m'a pourtant point dit : « Je vous aime. »

FLAMINIA. — Mais, Seigneur, oserais-je vous prier de m'en répéter quelque chose?

LE PRINCE. — Cela est impossible; je suis ravi, je suis enchanté; je ne peux pas vous répéter cela autrement.

FLAMINIA. — Je présume beaucoup du rapport singulier que vous m'en faites.

LE PRINCE. — Si vous saviez combien, dit-elle, elle est affligée de ne pouvoir m'aimer, parce que cela me rend malheureux et qu'elle doit être fidèle à Arlequin!... J'ai vu le moment où elle allait me dire : « Ne m'aimez plus, je vous prie, parce que vous seriez cause que je vous aimerais aussi. »

FLAMINIA. — Bon! cela vaut mieux qu'un aveu.

LE PRINCE. — Non, je le dis encore, il n'y a que l'amour de Silvia qui soit véritablement de l'amour. Les autres femmes qui aiment ont l'esprit cultivé; elles ont une certaine éducation, un certain usage; et tout cela chez elles falsifie la nature. Ici c'est le cœur tout pur qui me parle; comme ses

---

1. *Tantôt* désigne ici un passé récent; 2. *Rien*. Le neutre pour désigner une personne est du style précieux.

sentiments viennent, il me les montre; sa naïveté[1] en fait tout l'art, et sa pudeur toute la décence. Vous m'avouerez que tout cela est charmant. Tout ce qui la retient à présent, c'est qu'elle se fait un scrupule de m'aimer sans l'aveu d'Arlequin. Ainsi, Flaminia, hâtez-vous. Sera-t-il bientôt gagné, Arlequin? Vous savez que je ne dois ni ne veux le traiter avec violence. Que dit-il?

FLAMINIA. — A vous dire le vrai, Seigneur, je le crois tout à fait amoureux de moi; mais il n'en sait rien. Comme il ne m'appelle encore que sa chère amie, il vit sur la bonne foi de ce nom qu'il me donne, et prend toujours de l'amour à bon compte.

LE PRINCE. — Fort bien.

FLAMINIA. — Oh! dans la première conversation, je l'instruirai de l'état de ses petites affaires avec moi; et ce penchant qui est *incognito* chez lui et que je lui ferai sentir par un autre stratagème, la douceur avec laquelle vous lui parlerez, comme nous en sommes convenus, tout cela, je pense, va nous tirer d'inquiétude, et terminer mes travaux, dont je sortirai, Seigneur, victorieuse et vaincue.

LE PRINCE. — Comment donc?

FLAMINIA. — C'est une petite bagatelle qui ne mérite pas de vous être dite; c'est que j'ai pris du goût pour Arlequin, seulement pour me désennuyer dans le cours de notre intrigue. Mais retirons-nous, et rejoignez Silvia; il ne faut pas qu'Arlequin vous voie encore, et je le vois qui vient. *(Ils se retirent tous deux.)*

Scène II. — TRIVELIN, ARLEQUIN,
d'un air un peu sombre.

TRIVELIN, *après quelque temps.* — Eh bien! que voulez-vous que je fasse de l'écritoire et du papier que vous m'avez fait prendre?

ARLEQUIN. — Donnez-vous patience[2], mon domestique.

TRIVELIN. — Tant qu'il vous plaira.

---

1. *Naïveté :* « cette grâce et cette simplicité naturelle avec laquelle une chose est exprimée ou représentée selon la vérité et la vraisemblance » (*Acad.*, 1694); 2. *Se donner patience :* « attendre sans inquiétude » (*Acad.*, 1694).

ARLEQUIN. — Dites-moi, qui est-ce qui me nourrit ici?

TRIVELIN. — C'est le Prince.

ARLEQUIN. — Par la sambille[1]! la bonne chère que je fais me donne des scrupules.

TRIVELIN. — D'où vient[2] donc?

ARLEQUIN. — Mardi[3]! j'ai peur d'être en pension sans le savoir.

TRIVELIN, *riant.* — Ah! ah! ah! ah!

ARLEQUIN. — De quoi riez-vous, grand benêt?

TRIVELIN. — Je ris de votre idée, qui est plaisante. Allez, allez, seigneur Arlequin, mangez en toute sûreté de conscience et buvez de même.

ARLEQUIN. — Dame! je prends mes repas dans la bonne foi; il me serait bien rude de me voir apporter le mémoire de ma dépense; mais je vous crois. Dites-moi, à présent, comment s'appelle celui qui rend compte au Prince de ses affaires?

TRIVELIN. — Son secrétaire d'État, voulez-vous dire?

ARLEQUIN. — Oui; j'ai dessein de lui faire un écrit pour le prier d'avertir le Prince que je m'ennuie, et lui demander quand il veut finir avec nous; car mon père est tout seul.

TRIVELIN. — Eh bien?

ARLEQUIN. — Si on veut me garder, il faut lui envoyer une carriole, afin qu'il vienne.

TRIVELIN. — Vous n'avez qu'à parler, la carriole partira sur-le-champ.

ARLEQUIN. — Il faut, après cela, qu'on nous marie, Silvia et moi, et qu'on m'ouvre la porte de la maison : car j'ai coutume de trotter partout et d'avoir la clef des champs[4], moi. Ensuite nous tiendrons ici ménage avec l'amie Flaminia, qui ne veut pas nous quitter à cause de son affection pour nous; et si le Prince a toujours bonne envie de nous régaler, ce que je mangerai me profitera davantage.

---

1. *Par la sambille :* cf. p. 56, note 2; **2.** *D'où vient* tend à devenir l'équivalent de « pourquoi »; cf. « D'où vient me dites-vous cela ? » (Marivaux, *le Jeu de l'amour et du hasard,* III, VI); **3.** *Mardi :* cf. p. 55, note 1; **4.** *Avoir la clef des champs :* avoir « la liberté d'aller où l'on veut » (*Acad.* 1694).

TRIVELIN. — Mais, seigneur Arlequin, il n'est pas besoin de mêler Flaminia là-dedans.

ARLEQUIN. — Cela me plaît, à moi.

TRIVELIN, *d'un air mécontent.* — Hum!

ARLEQUIN, *le contrefaisant.* — Hum! Le mauvais valet! Allons vite, tirez votre plume, et griffonnez-moi mon écriture.

TRIVELIN, *se mettant en état.* — Dictez.

ARLEQUIN. — « Monsieur[1]. »

TRIVELIN. — Halte-là! dites : « Monseigneur ».

ARLEQUIN. — Mettez les deux, afin qu'il choisisse.

TRIVELIN. — Fort bien.

ARLEQUIN. — « Vous saurez que je m'appelle Arlequin. »

TRIVELIN. — Doucement! Vous devez dire : « Votre Grandeur saura. »

ARLEQUIN. — « Votre Grandeur saura »! C'est donc un géant, ce secrétaire d'État?

TRIVELIN. — Non; mais n'importe.

ARLEQUIN. — Quel diantre de galimatias! Qui a jamais entendu dire qu'on s'adresse à la taille d'un homme quand on a affaire à lui?

TRIVELIN, *écrivant.* — Je mettrai comme il vous plaira. « Vous saurez que je m'appelle Arlequin ». Après?

ARLEQUIN. — « Que j'ai une maîtresse qui s'appelle Silvia, bourgeoise de mon village, et fille d'honneur... »

TRIVELIN, *écrivant.* — Courage!

ARLEQUIN. — « ... avec une bonne amie que j'ai faite depuis peu, qui ne saurait se passer de nous, ni nous d'elle; ainsi, aussitôt la présente reçue... »

TRIVELIN, *s'arrêtant comme affligé.* — Flaminia ne saurait se passer de vous? Aïe! la plume me tombe des mains.

ARLEQUIN. — Oh! oh! que signifie cette impertinente pâmoison-là?

---

1. Dans le compte rendu de la première, paru dans *le Mercure* d'avril 1723, on lit à propos de ce passage : « Le premier mot qu'il [Arlequin] dicte, c'est *virgule.* » Si le « journaliste » ne s'est pas trompé, c'est donc que Marivaux, en publiant sa comédie, a renoncé à cette plaisanterie un peu grosse.

TRIVELIN. — Il y a deux ans, seigneur Arlequin, il y a deux ans que je soupire en secret pour elle.

ARLEQUIN, *tirant sa latte*. — Cela est fâcheux, mon mignon; mais, en attendant qu'elle en soit informée, je vais toujours vous en faire quelques remerciements pour elle.

TRIVELIN. — Des remerciements à coups de bâton! Je ne suis pas friand de ces compliments-là. Eh! que vous importe que je l'aime? Vous n'avez que de l'amitié pour elle, et l'amitié ne rend point jaloux.

ARLEQUIN. — Vous vous trompez, mon amitié fait tout comme l'amour; en voilà des preuves. *(Il le bat.)*

TRIVELIN, *s'enfuit en disant*. — Oh! diable soit de l'amitié!

SCÈNE III. — FLAMINIA, ARLEQUIN.

FLAMINIA, à *Arlequin*. — Qu'est-ce que c'est? qu'avez-vous, Arlequin?

ARLEQUIN. — Bonjour, m'amie; c'est ce faquin qui dit qu'il vous aime depuis deux ans.

FLAMINIA. — Cela se peut bien.

ARLEQUIN. — Et vous, m'amie, que dites-vous de cela?

FLAMINIA. — Que c'est tant pis pour lui.

ARLEQUIN. — Tout de bon?

FLAMINIA. — Sans doute; mais est-ce que vous seriez fâché que l'on m'aimât?

ARLEQUIN. — Hélas! vous êtes votre maîtresse; mais, si vous aviez un amant, vous l'aimeriez peut-être; cela gâterait la bonne amitié que vous me portez, et vous m'en feriez ma part plus petite. Oh! de cette part-là, je n'en[1] voudrais rien perdre.

FLAMINIA, *d'un air doux*. — Arlequin, savez-vous bien que vous ne ménagez pas mon cœur?

ARLEQUIN. — Moi! Et quel mal lui fais-je donc?

FLAMINIA. — Si vous continuez de me parler toujours de

---

1. *En :* le pléonasme de *en* reste fréquent au XVIII° siècle, et même il est approuvé par les grammairiens; cf. « De ma façon de vivre avec Madame de La Vallée, je n'*en* dirai plus un mot » (Marivaux, *le Paysan parvenu*, V).

même, je ne saurai plus bientôt de quelle espèce seront mes sentiments pour vous. En vérité je n'ose m'examiner là-dessus : j'ai peur de trouver plus que je ne veux.

ARLEQUIN. — C'est bien fait, n'examinez jamais, Flaminia; cela sera ce que cela pourra; au reste, croyez-moi, ne prenez point d'amant; j'ai une maîtresse, je la garde; si je n'en avais point, je n'en chercherais pas; qu'en ferais-je avec vous? Elle m'ennuirait.

FLAMINIA. — Elle vous ennuirait! Le moyen, après tout ce que vous dites, de rester votre amie?

ARLEQUIN. — Eh! que serez-vous donc?

FLAMINIA. — Ne me le demandez pas, je n'en veux rien savoir; ce qui est de sûr, c'est que dans le monde, je n'aime plus que vous. Vous n'en pouvez pas dire autant; Silvia va devant[1] moi, comme de raison[2].

ARLEQUIN. — Chut! vous allez de compagnie ensemble.

FLAMINIA. — Je vais vous l'envoyer. Si je la trouve, Silvia, en serez-vous bien aise?

ARLEQUIN. — Comme vous voudrez; mais il ne faut pas l'envoyer; il faut venir toutes deux.

FLAMINIA. — Je ne pourrai pas; car le Prince m'a mandée et je vais voir ce qu'il me veut. Adieu, Arlequin; je serai bientôt de retour. (*En sortant, elle sourit à celui qui entre.*)

Scène IV. — LE SEIGNEUR *du second acte apporte à* ARLEQUIN *ses lettres de noblesse.*

ARLEQUIN, *le voyant.* — Voilà mon homme de tantôt[3]. Ma foi! Monsieur le médisant (car je ne sais point votre autre nom), je n'ai rien dit de vous au Prince, par[4] la raison que je ne l'ai point vu.

LE SEIGNEUR. — Je vous suis obligé de votre bonne volonté, seigneur Arlequin; mais je suis sorti d'embarras et rentré dans les bonnes grâces du Prince, sur l'assurance

---

1. *Devant* pour avant est jugé fautif par tous les grammairiens du temps, mais se trouve encore : cf. « On les voit sortir *devant* l'aurore » (Vauvenargues, *Caractères*, « Lentilius »); 2. *Comme de raison :* expression proverbiale, « comme il est juste qu'on fasse » (*Acad.*, 1694); 3. *Tantôt :* cf. p. 72, note 1; 4. *Par* au lieu de « pour, à cause de » est conforme à l'usage du XVIIe siècle, mais vieillit.

que je lui ai donnée que vous lui parleriez pour moi;
j'espère qu'à votre tour vous me tiendrez parole.

ARLEQUIN. — Oh! quoique je paraisse un innocent, je
suis homme d'honneur.

LE SEIGNEUR. — De grâce, ne vous ressouvenez plus de
rien et réconciliez-vous avec moi en faveur[1] du présent que
je vous apporte de la part du Prince : c'est de tous les
présents le plus grand qu'on puisse vous faire.

ARLEQUIN. — Est-ce Silvia que vous m'apportez?

LE SEIGNEUR. — Non, le présent dont il s'agit est dans
ma poche : ce sont des lettres de noblesse dont le Prince
vous gratifie comme parent de Silvia; car on dit que vous
l'êtes un peu.

ARLEQUIN. — Pas un brin; remportez cela; car, si je le
prenais, ce serait friponner[2] la gratification.

LE SEIGNEUR. — Acceptez toujours; qu'importe? Vous
ferez plaisir au Prince. Refuseriez-vous ce qui fait l'ambition
de tous les gens de cœur?

ARLEQUIN. — J'ai pourtant bon cœur aussi. Pour de[3] l'ambition, j'en ai bien entendu parler; mais je ne l'ai jamais vue,
et j'en ai peut-être sans le savoir.

LE SEIGNEUR. — Si vous n'en avez pas, cela vous en
donnera.

ARLEQUIN. — Qu'est-ce que c'est donc?

LE SEIGNEUR, *à part les premiers mots*. — En voilà bien
d'une autre! L'ambition, c'est un noble orgueil de
s'élever.

ARLEQUIN. — Un orgueil qui est noble! Donnez-vous
comme cela de jolis noms à toutes les sottises, vous autres?

LE SEIGNEUR. — Vous ne me comprenez pas; cet orgueil
ne désigne-là qu'un désir de gloire.

ARLEQUIN. — Par ma foi! sa signification ne vaut pas
mieux que lui, c'est bonnet blanc et blanc bonnet.

---

1. *En faveur de* peut signifier soit « au profit de », soit, comme ici, « en considération de »; 2. *Friponner* : « escroquer, attraper quelque chose par fourbe-
rie » (*Acad.*, 1694); 3. *Pour de*, au sens de « quant à » est classique et se maintient au XVIIIe siècle; cf. « Il faut des hommes; mais *pour des* hommes de
génie, point » (Diderot, *le Neveu de Rameau*).

LE SEIGNEUR. — Prenez, vous dis-je; ne serez-vous pas bien aise d'être gentilhomme?

ARLEQUIN. — Eh! je n'en serais ni bien aise, ni fâché; c'est suivant la fantaisie qu'on a.

LE SEIGNEUR. — Vous y trouverez de l'avantage; vous en serez plus respecté et plus craint de vos voisins.

ARLEQUIN. — J'ai opinion que cela les empêcherait de m'aimer de bon cœur; car quand je respecte les gens, moi, et que je les crains, je ne les aime pas de si bon courage[1]; je ne saurais faire tant de choses à la fois.

LE SEIGNEUR. — Vous m'étonnez!

ARLEQUIN. — Voilà comme je suis bâti; d'ailleurs, voyez-vous, je suis le meilleur enfant du monde, je ne fais de mal à personne; mais quand je voudrais nuire, je n'en ai pas le pouvoir. Eh bien! si j'avais ce pouvoir, si j'étais noble, diable emporte[2] si je voudrais gager d'être toujours brave homme : je ferais parfois comme le gentilhomme de chez nous, qui n'épargne pas les coups de bâtons, à cause qu[3]'on n'oserait les lui rendre.

LE SEIGNEUR. — Et si on vous donnait ces coups de bâtons, ne souhaiteriez-vous pas être en état de les rendre?

ARLEQUIN. — Pour cela, je voudrais payer cette dette-là sur-le-champ.

LE SEIGNEUR. — Oh! comme les hommes sont quelquefois méchants, mettez-vous en état de faire du mal, seulement afin qu'on n'ose pas vous en faire, et pour cet effet prenez vos lettres de noblesse.

ARLEQUIN *prend les lettres.* — Têtubleu! vous avez raison, je ne suis qu'une bête. Allons, me voilà noble; je garde le parchemin; je ne crains plus que les rats qui pourraient bien gruger[4] ma noblesse; mais j'y mettrai bon ordre. Je vous remercie, et le Prince aussi; car il est bien obligeant dans le fond.

---

1. *Courage* pour « cœur » : emploi classique, mais jugé archaïque alors par l'Académie; 2. L'omission de l'article *le* se trouve déjà au XVIIᵉ siècle : cf. « Diable emporte si j'entends rien en médecine! » (Molière, *le Médecin malgré lui*, III, I); 3. *A cause que* est vieilli; 4. *Gruger* : « briser quelque chose de dur et de sec avec les dents et le mettre en menus morceaux... les rats, les souris *grugent* le bois » (*Acad.*, 1694).

LE SEIGNEUR. — Je suis charmé de vous voir content; adieu.

ARLEQUIN. — Je suis votre serviteur. *(Quand le seigneur a fait dix ou douze pas, Arlequin le rappelle.)* Monsieur, Monsieur!

LE SEIGNEUR. — Que me voulez-vous?

ARLEQUIN. — Ma noblesse m'oblige-t-elle à rien[1]? car il faut faire son devoir dans une charge.

LE SEIGNEUR. — Elle oblige à être honnête homme.

ARLEQUIN, *très sérieusement*. — Vous aviez donc des exemptions, vous, quand vous avez dit du mal de moi?

LE SEIGNEUR. — N'y songez plus; un gentilhomme doit être généreux.

ARLEQUIN. — Généreux et honnête homme! Vertuchoux! Ces devoirs-là sont bons; je les trouve encore plus nobles que mes lettres de noblesse. Et quand on ne s'en acquitte pas, est-on encore gentilhomme?

LE SEIGNEUR. — Nullement.

ARLEQUIN. — Diantre! il y a donc bien des gentilhommes qui paient la taille[2]?

LE SEIGNEUR. — Je n'en sais point le nombre.

ARLEQUIN. — Est-ce là tout? N'y a-t-il plus d'autre devoir?

LE SEIGNEUR. — Non; cependant vous, qui, suivant toute apparence, serez favori du Prince, vous aurez un devoir de plus : ce sera de mériter cette faveur par toute la soumission, tout le respect et toute la complaisance possibles. A l'égard du reste, comme je vous ai dit, ayez de la vertu, aimez l'honneur plus que la vie, et vous serez dans l'ordre.

ARLEQUIN. — Tout doucement; ces dernières obligations-là ne me plaisent pas tant que les autres. Premièrement, il est bon d'expliquer ce que c'est que cet honneur qu'on doit aimer plus que la vie. Malpeste, quel honneur?

---

1. *Rien* au sens positif ici de *quelque chose ;* 2. Les nobles étaient exempts de la taille; mais si l'un d'eux venait à être dégradé, il était aussitôt assujetti à cette imposition.

LE SEIGNEUR. — Vous approuverez ce que cela veut dire; c'est qu'il faut se venger d'une injure, ou périr plutôt que de la souffrir.

ARLEQUIN. — Tout ce que vous m'avez dit n'est donc qu'un coq-à-l'âne; car, si je suis obligé d'être généreux, il faut que je pardonne aux gens; si je suis obligé d'être méchant, il faut que je les assomme. Comment donc faire pour tuer le monde et le laisser vivre?

LE SEIGNEUR. — Vous serez généreux et bon, quand on ne vous insultera pas.

ARLEQUIN. — Je vous entends : il m'est défendu d'être meilleur que les autres; et si je rends le bien pour le mal, je serai donc un homme sans honneur? Par la mardi[1]! la méchanceté n'est pas rare; ce n'était pas la peine de la recommander tant. Voilà une vilaine invention! Tenez, accommodons-nous plutôt; quand on me dira une grosse injure, j'en répondrai une autre si je suis le plus fort. Voulez-vous me laisser votre marchandise à ce prix-là? Dites-moi votre dernier mot.

LE SEIGNEUR. — Une injure répondue à une injure ne suffit point. Cela ne peut se laver, s'effacer que par le sang de votre ennemi ou le vôtre.

ARLEQUIN. — Que la tache y reste! Vous parlez du sang comme si c'était de l'eau de la rivière. Je vous rends votre paquet de noblesse; mon honneur n'est pas fait pour être noble; il est trop raisonnable pour cela. Bonjour.

LE SEIGNEUR. — Vous n'y songez pas.

ARLEQUIN. — Sans compliment, reprenez votre affaire.

LE SEIGNEUR. — Gardez-le toujours; vous vous ajusterez avec le Prince : on n'y regardera pas de si près avec vous.

ARLEQUIN, *le reprenant*. — Il faudra donc qu'il me signe un contrat comme quoi je serai exempt de me faire tuer par mon prochain, pour le faire repentir de son impertinence avec moi.

LE SEIGNEUR. — A la bonne heure; vous ferez vos conventions. Adieu, je suis votre serviteur.

ARLEQUIN. — Et moi le vôtre.

1. *Par la mardi :* cf. p. 57, note I.

Scène V[1]. — LE PRINCE, ARLEQUIN.

ARLEQUIN, *le voyant*. — Qui diantre vient encore me rendre visite ? Ah ! c'est celui-là qui est cause qu'on m'a pris Silvia. — Vous voilà donc, Monsieur le babillard, qui allez dire partout que la maîtresse des gens est belle ; ce qui fait qu'on m'a escamoté la mienne !

LE PRINCE. — Point d'injures, Arlequin !

ARLEQUIN. — Êtes-vous gentilhomme, vous ?

LE PRINCE. — Assurément.

ARLEQUIN. — Mardi[2] ! vous êtes bien heureux ; sans cela je vous dirais de bon cœur ce que vous méritez ; mais votre honneur voudrait peut-être faire son devoir, et, après cela, il faudrait vous tuer pour vous venger de moi.

LE PRINCE. — Calmez-vous, je vous prie, Arlequin. Le Prince m'a donné ordre de vous entretenir.

ARLEQUIN. — Parlez, il vous est libre ; mais je n'ai pas ordre de vous écouter, moi.

LE PRINCE. — Eh bien ! prends[3] un esprit plus doux, connais-moi, puisqu'il le faut : c'est ton Prince lui-même qui te parle, et non pas un officier du palais, comme tu l'as cru jusqu'ici aussi bien que Silvia.

ARLEQUIN. — Votre foi ?

LE PRINCE. — Tu dois m'en croire.

ARLEQUIN. — Excusez, Monseigneur, c'est donc moi qui suis un sot d'avoir été un impertinent avec vous.

LE PRINCE. — Je te pardonne volontiers.

ARLEQUIN, *tristement*. — Puisque vous n'avez pas de rancune contre moi, ne permettez pas que j'en aie contre vous. Je ne suis pas digne d'être fâché contre un Prince, je suis

---

1. Le compte rendu du *Mercure* (avril 1723) résume cette scène ainsi : « Lélio, que Silvia a chargé de faire consentir Arlequin à son mariage, vient lui déclarer le dessein qu'il a d'épouser Silvia. Arlequin, qui tient encore un peu à sa chère villageoise, parle en homme qui y tient encore beaucoup. Lélio a beau se faire connaître pour le roi, il le traite d'injuste et lui redemande Silvia avec tout le pathétique d'un cœur qui n'est nullement partagé. Cette scène aurait eu un plus grand effet sur les spectateurs si Arlequin leur eût paru uniquement occupé de Silvia. Le Roi en est si attendri que peu s'en faut qu'il ne lui cède sa maîtresse » ; 2. Cf. p. 57, note 1 ; 3. Le passage du *vous* au *tu* (« expression de familiarité obligeante et honorable, si un roi parle à un sujet », selon Fontenelle) indique nettement le changement de ton de la scène.

trop petit pour cela. Si vous m'affligez, je pleurerai de toute ma force, et puis c'est tout; cela doit faire compassion à votre puissance; vous ne voudriez pas avoir une principauté pour le contentement de vous[1] tout seul?

LE PRINCE. — Tu te plains donc bien de moi, Arlequin?

ARLEQUIN. — Que voulez-vous, Monseigneur? J'ai une fille qui m'aime; vous, vous en avez plein votre maison, et nonobstant[2], vous m'ôtez la mienne. Prenez que je suis pauvre, et que tout mon bien est un liard[3]; vous qui êtes riche de plus de mille écus, vous vous jetez sur ma pauvreté et vous m'arrachez mon liard; cela n'est-il pas bien triste?

LE PRINCE, *à part.* — Il a raison, et ses plaintes me touchent.

ARLEQUIN. — Je sais bien que vous êtes un bon Prince, tout le monde le dit dans le pays; il n'y aura que moi qui n'aurai pas le plaisir de dire comme les autres.

LE PRINCE. — Je te prive de Silvia, il est vrai; mais demande-moi ce que tu voudras; je t'offre tous les biens que tu pourras souhaiter, et laisse-moi cette seule personne que j'aime.

ARLEQUIN. — Ne parlons point ce marché-là, vous gagneriez trop sur moi. Disons en conscience : si un autre que vous me l'avait prise, est-ce que vous ne me la feriez pas remettre? Eh bien! personne ne me l'a prise que vous; voyez la belle occasion de montrer que la justice est pour tout le monde!

LE PRINCE, *à part.* — Que lui répondre?

ARLEQUIN. — Allons, Monseigneur, dites-vous comme cela : « Faut-il que je retienne le bonheur de ce petit homme, parce que j'ai le pouvoir de le garder? N'est-ce pas à moi à[4] être son protecteur, puisque je suis son maître? S'en ira-t-il sans avoir justice? N'en aurais-je pas du regret? Qu'est-ce qui fera mon office de Prince si je ne le fais pas? J'ordonne donc que je lui rendrai[5] Silvia. »

---

1. *De vous :* construction courante au XVIIᵉ siècle, au lieu du possessif, mais déjà jugée vieillie par les grammairiens; **2.** *Nonobstant,* ignoré des dictionnaires du temps, se maintient chez Marivaux; cf. « Si je lui dis mon état, et que, *nonobstant,* son tendre cœur soit toujours friand de la noce avec moi » (*le Jeu de l'amour et du hasard,* III, 1); **3.** *Liard :* petite monnaie qui vaut trois deniers; **4.** Les deux constructions restent courantes : c'est *à moi à*, et c'est *à moi de ;* **5.** *Rendrai :* l'indicatif précise qu'on affirme positivement que l'ordre sera exécuté, conformément à la grammaire du temps.

LE PRINCE. — Ne changeras-tu jamais de langage? Regarde comme j'en agis avec toi. Je pourrais te renvoyer et garder Silvia sans t'écouter; cependant, malgré l'inclination que j'ai pour elle, malgré ton obstination et le peu de respect que tu me montres, je m'intéresse à ta douleur; je cherche à la calmer par mes faveurs; je descends jusqu'à te prier de me céder Silvia de bonne volonté; tout le monde t'y exhorte, tout le monde te blâme et te donne un exemple de l'ardeur qu'on a de me plaire; tu es le seul qui résiste. Tu dis que je suis ton Prince, marque-le-moi donc par un peu de docilité.

ARLEQUIN, *toujours triste*. — Eh! Monseigneur, ne vous fiez pas à ces gens qui vous disent que vous avez raison avec moi, car ils vous trompent. Vous prenez cela pour argent comptant; et puis vous avez beau être bon, vous avez beau être brave homme, c'est autant de perdu, cela ne vous fait point de profit. Sans ces gens-là, vous ne me chercheriez point chicane; vous ne diriez pas que je vous manque de respect parce que je représente mon bon droit. Allez, vous êtes mon Prince, et je vous aime bien; mais je suis votre sujet, et cela mérite quelque chose.

LE PRINCE. — Va, tu me désespères.

ARLEQUIN. — Que je suis à plaindre!

LE PRINCE. — Faudra-t-il donc que je renonce à Silvia? Le moyen d'en être jamais aimé, si tu ne veux pas m'aider? Arlequin, je t'ai causé du chagrin; mais celui que tu me fais est plus cruel que le tien.

ARLEQUIN. — Prenez quelque consolation, Monseigneur; promenez-vous, voyagez quelque part; votre douleur se passera dans les chemins.

LE PRINCE. — Non, mon enfant; j'espérais quelque chose de ton cœur pour moi, je t'aurais eu plus d'obligation que je n'en aurai jamais à personne; mais tu me fais tout le mal qu'on peut me faire. Va, n'importe, mes bienfaits t'étaient réservés, et ta dureté n'empêche pas que tu n'en jouisses.

ARLEQUIN. — Aïe! qu'on a de mal dans la vie!

LE PRINCE. — Il est vrai que j'ai tort à ton égard; je me reproche l'action que j'ai faite, c'est une injustice; mais tu n'en es que trop vengé.

ARLEQUIN. — Il faut que je m'en aille; vous êtes trop fâché d'avoir tort; j'aurais peur de vous donner raison.

LE PRINCE. — Non, il est juste que tu sois content; tu souhaites que je te rende justice; sois heureux aux dépens de tout mon repos.

ARLEQUIN. — Vous avez tant de charité pour moi; n'en aurais-je donc pas pour vous?

LE PRINCE, *triste*. — Ne t'embarrasse pas de moi.

ARLEQUIN. — Que j'ai de souci! le voilà désolé.

LE PRINCE, *en caressant Arlequin.* — Je te sais bon gré de la sensibilité où je te vois. Adieu, Arlequin; je t'estime malgré tes refus.

ARLEQUIN, *laisse faire un pas ou deux au Prince.* — Monseigneur!

LE PRINCE. — Que me veux-tu? Me demandes-tu quelque grâce?

ARLEQUIN. — Non; je ne suis qu'en peine de savoir si je vous accorderai celle que vous voulez.

LE PRINCE. — Il faut avouer que tu as le cœur excellent!

ARLEQUIN. — Et vous aussi; voilà ce qui m'ôte le courage. Hélas! que les bonnes gens sont faibles!

LE PRINCE. — J'admire tes sentiments.

ARLEQUIN. — Je le crois bien; je ne vous promets pourtant rien, il y a trop d'embarras dans ma volonté; mais, à tout hasard, si je vous donnais Silvia, avez-vous dessein que je sois votre favori?

LE PRINCE. — Eh! qui le serait donc?

ARLEQUIN. — C'est qu'on m'a dit que vous aviez coutume d'être flatté; moi, j'ai coutume de dire vrai, et une bonne coutume comme celle-là ne s'accorde pas avec une mauvaise; jamais votre amitié ne sera assez forte pour endurer la mienne.

LE PRINCE. — Nous nous brouillerons ensemble si tu ne[1] me réponds toujours ce que tu penses. Il ne me reste qu'une chose à te dire, Arlequin : souviens-toi que je t'aime; c'est tout ce que je te recommande.

ARLEQUIN. — Flaminia sera-t-elle sa maîtresse?

---

1. *Ne*, sans pas : cf. p. 49, note 2.

LE PRINCE. — Ah! ne me parle point de Flaminia; tu
n'étais pas capable de me donner tant de chagrins sans elle.

ARLEQUIN, *au Prince, qui sort.* — Point du tout; c'est la
meilleure fille du monde, vous ne devez point lui vouloir
de mal.

SCÈNE VI. — ARLEQUIN.

Apparemment que[1] mon coquin de valet aura médit de
ma bonne amie. Par la mardi[2]! il faut que j'aille voir où elle
est. Mais moi, que ferai-je à cette heure? Est-ce que je
quitterai Silvia? Cela se pourra-t-il? Y aura-t-il moyen?
Ma foi non, non assurément. J'ai un peu fait le nigaud avec
le Prince, parce que je suis tendre à la peine d'autrui; mais
le Prince est tendre aussi, et il ne dira mot.

SCÈNE VII. — FLAMINIA, *d'un air triste,*
ARLEQUIN.

ARLEQUIN. — Bonjour, Flaminia; j'allais vous chercher.

FLAMINIA, *en soupirant.* — Adieu, Arlequin.

ARLEQUIN. — Qu'est-ce que cela veut dire : *adieu?*

FLAMINIA. — Trivelin nous a trahis; le Prince a su l'intelligence[3] qui est entre nous; il vient de m'ordonner de
sortir d'ici et m'a défendu de vous voir jamais. Malgré
cela, je n'ai pu m'empêcher de venir vous parler encore une
fois; ensuite j'irai où je pourrai pour éviter sa colère.

ARLEQUIN, *étonné et déconcerté.* — Ah! me voilà un joli
garçon à présent!

FLAMINIA. — Je suis au désespoir, moi! Me voir séparée
pour jamais d'avec vous, de tout[4] ce que j'avais de plus cher
au monde! Le temps me presse, je suis forcée de vous
quitter; mais, avant de partir, il faut que je vous ouvre
mon cœur.

ARLEQUIN, *en reprenant son haleine.* — Aïe! Qu'est-ce,
m'amie? qu'a-t-il, ce cher cœur?

1. *Apparemment que* : construction d'origine ancienne, qui s'impose de plus
en plus au XVIIIe siècle, malgré les grammairiens; 2. Cf. p. 55, note 1; 3. *Intelligence* : « correspondance, communication entre des personnes qui s'entendent
l'une avec l'autre » (*Acad.*, 1694); 4. *Tout* : emploi précieux du neutre pour
désigner une personne.

FLAMINIA. — Ce n'est point de l'amitié que j'avais pour vous, Arlequin; je m'étais trompée.

ARLEQUIN, *d'un ton essouflé.* — C'est donc de l'amour?

FLAMINIA. — Et du plus tendre. Adieu.

ARLEQUIN, *la retenant.* — Attendez... Je me suis peut-être trompé, moi aussi, sur mon compte.

FLAMINIA. — Comment! vous vous seriez mépris! Vous m'aimeriez, et nous ne nous verrions plus! Arlequin, ne m'en dites pas davantage; je m'enfuis. *(Elle fait un pas ou deux.)*

ARLEQUIN. — Restez.

FLAMINIA. — Laissez-moi aller; que ferons-nous?

ARLEQUIN. — Parlons raison.

FLAMINIA. — Que vous dirai-je?

ARLEQUIN. — C'est que mon amitié est aussi loin que la vôtre; elle est partie : voilà que je vous aime, cela est décidé, et je n'y comprends rien. Ouf!

FLAMINIA. — Quelle aventure!

ARLEQUIN. — Je ne suis point marié, par bonheur.

FLAMINIA. — Il est vrai.

ARLEQUIN. — Silvia se mariera avec le Prince, et il sera content.

FLAMINIA. — Je n'en doute point.

ARLEQUIN. — Ensuite, puisque notre cœur s'est mécompté[1] et que nous nous aimons par mégarde, nous prendrons patience et nous nous accommoderons à l'avenant.

FLAMINIA, *d'un ton doux.* — J'entends bien; vous voulez dire que nous nous marierons ensemble.

ARLEQUIN. — Vraiment oui; est-ce ma faute, à moi? Pourquoi ne m'avertissiez-vous pas que vous m'attraperiez et que vous seriez ma maîtresse?

FLAMINIA. — M'avez-vous avertie que vous deviendriez mon amant?

ARLEQUIN. — Morbleu! le devinais-je?

---

1. *Se mécompter :* « se tromper » (*Acad.*, 1694).

FLAMINIA. — Vous étiez assez aimable pour le deviner.

ARLEQUIN. — Ne nous reprochons rien; s'il ne tient qu'à être aimable, vous avez plus de tort que moi.

FLAMINIA. — Épousez-moi, j'y consens; mais il n'y a point de temps à perdre, et je crains qu'on ne vienne m'ordonner de sortir.

ARLEQUIN, *en soupirant*. — Ah! je pars pour parler au Prince. Ne dites pas à Silvia que je vous aime; elle croirait que je suis dans mon tort, et vous savez que je suis innocent. Je ne ferai semblant de rien avec elle; je lui dirai que c'est pour sa fortune que je la laisse là.

FLAMINIA. — Fort bien; j'allais vous le conseiller.

ARLEQUIN. — Attendez, et donnez-moi votre main, que je la baise... Qui est-ce qui aurait cru que j'y prendrais tant de plaisir? Cela me confond.

Scène VIII. — FLAMINIA, SILVIA.

FLAMINIA, *à part*. — En vérité, le Prince a raison, ces petites personnes-là font l'amour d'une manière à ne pouvoir[1] résister. Voici l'autre. *(A Silvia qui entre.)* A quoi rêvez[2]-vous, belle Silvia?

SILVIA. — Je rêve à moi, et je n'y entends rien.

FLAMINIA. — Que trouvez-vous donc en vous de si incompréhensible?

SILVIA. — Je voulais me venger de ces femmes, vous savez bien? Cela s'est passé.

FLAMINIA. — Vous n'êtes guère vindicative.

SILVIA. — J'aimais Arlequin, n'est-ce pas?

FLAMINIA. — Il me le semblait.

SILVIA. — Eh bien, je crois que je ne l'aime plus.

FLAMINIA. — Ce n'est pas un si grand malheur.

SILVIA. — Quand ce serait un malheur, qu'y ferais-je? Lorsque je l'ai aimé, c'était un amour qui m'était venu; à

---

1. *A ne pouvoir* : cette construction classique de l'infinitif, ne se rapportant pas au sujet de la principale, est alors condamnée par l'Académie; 2. *Rêver* : « penser, méditer profondément sur quelque chose » (*Acad.*, 1694).

cette heure je ne l'aime plus, c'est un amour qui s'en est allé; il est venu sans mon avis, il s'en retourne de même; je ne crois pas être blâmable.

FLAMINIA, *à part les premiers mots.* — Rions un moment. Je le[1] pense à peu près de même.

SILVIA, *vivement.* — Qu'appelez-vous *à peu près?* Il faut le penser tout à fait comme moi, parce que cela est. Voilà de[2] mes gens qui disent tantôt oui, tantôt non.

FLAMINIA. — Sur quoi vous emportez-vous donc?

SILVIA. — Je m'emporte à propos; je vous consulte bonnement[3], et vous allez me répondre des *à peu près* qui me chicanent!

FLAMINIA. — Ne voyez-vous pas bien que je badine, et que vous n'êtes que louable? Mais n'est-ce pas cet officier que vous aimez?

SILVIA. — Et qui donc? Pourtant je n'y[4] consens pas encore, à l'aimer; mais à la fin, il faudra bien y venir : car dire toujours non à un homme qui demande toujours oui, le voir triste, toujours se lamentant, toujours le consoler de la peine qu'on lui fait, dame! cela lasse : il vaut mieux ne lui en plus faire.

FLAMINIA. — Oh! vous allez le charmer; il mourra de joie.

SILVIA. — Il mourrait de tristesse, et c'est encore pis.

FLAMINIA. — Il n'y a pas de comparaison.

SILVIA. — Je l'attends; nous avons été plus de deux heures ensemble, et il va revenir pour être avec moi quand le Prince me parlera. Cependant quelquefois j'ai peur qu'Arlequin ne s'afflige trop; qu'en dites-vous? Mais ne me rendez pas scrupuleuse.

FLAMINIA. — Ne vous inquiétez pas; on trouvera aisément moyen de l'apaiser.

SILVIA, *avec un petit air d'inquiétude.* — De l'apaiser!

---

1. Cette addition de *le*, nullement nécessaire, devient cependant une marque du bon langage; **2.** Le partitif est d'usage courant avec le possessif; cf. « Voilà *de* mes cavaliers en herbe qui s'embarqueraient pour la Palestine » (Musset, *Carmosine*, II, v); **3.** *Bonnement :* cf. p. 54, note 3; **4.** A la différence du pléonasme de *en*, celui de *y* est blâmé par les grammairiens.

Diantre! il est donc bien facile de m'oublier à ce compte?
Est-ce qu'il a fait quelque maîtresse, ici?

FLAMINIA. — Lui, vous oublier? j'aurais donc perdu l'esprit si je vous le disais. Vous serez trop heureuse s'il ne se
désespère pas.

SILVIA. — Vous avez bien affaire de[1] me dire cela! vous
êtes cause que je redeviens incertaine, avec votre désespoir.

FLAMINIA. — Et s'il ne vous aime plus, que diriez-vous?

SILVIA. — S'il ne m'aime plus?... vous n'avez qu'à garder
votre nouvelle.

FLAMINIA. — Eh bien, il vous aime encore, et vous en
êtes fâchée! Que vous faut-il donc?

SILVIA. — Hum! vous qui riez, je vous voudrais bien voir
à ma place!

FLAMINIA. — Votre amant vous cherche; croyez-moi,
finissez avec lui, sans vous inquiéter du reste.

(Elle sort.)

Scène IX. — SILVIA, LE PRINCE.

LE PRINCE. — Eh quoi! Silvia, vous ne me regardez pas?
Vous devenez triste toutes les fois que je vous aborde; j'ai
toujours le chagrin de penser que je vous suis importun.

SILVIA. — Bon, importun! Je parlais de lui tout à l'heure.

LE PRINCE. — Vous parliez de moi? et qu'en[2] disiez-vous,
belle Silvia?

SILVIA. — Oh! je disais bien des choses : je disais que vous
ne saviez pas encore ce que je pensais.

LE PRINCE. — Je sais que vous êtes résolue[3] à me refuser
votre cœur, et c'est là savoir ce que vous pensez.

SILVIA. — Hum! vous n'êtes pas si[4] savant que vous le
croyez, ne vous vantez pas tant. Mais, dites-moi, vous êtes
un honnête homme, et je suis sûre que vous me direz la

---

1. *Avoir affaire de* : construction normale devant un verbe; 2. *En* reste
d'usage courant pour représenter une personne; 3. *Résolue* : cf. p. 69, note 3;
4. *Si* pour *aussi* est critiqué par l'Académie, mais toléré par les grammairiens
dans les phrases négatives et interrogatives : « Je ne suis pas *si* grand seigneur
que vous » (Voltaire, *Candide*, 26).

vérité : vous savez comme je suis avec Arlequin; à présent prenez que j'ai envie de vous aimer : si je contentais mon envie, ferais-je bien? ferais-je mal? là, conseillez-moi dans la bonne foi.

LE PRINCE. — Comme on n'est pas le maître de son cœur, si vous aviez envie de m'aimer, vous seriez en droit de vous satisfaire; voilà mon sentiment.

SILVIA. — Me parlez-vous en ami?

LE PRINCE. — Oui, Silvia, en homme sincère.

SILVIA. — C'est mon avis aussi; j'ai décidé de même, et je crois que nous avons raison tous deux; ainsi je vous aimerai, s'il me plaît, sans qu'il[1] ait le petit mot à dire.

LE PRINCE. — Je n'y gagne rien, car il ne vous plaît point.

SILVIA. — Ne vous mêlez point de deviner, car je n'ai point de foi[2] à vous. Mais enfin ce Prince, puisqu'il faut que je le voie, quand viendra-t-il? S'il veut, je l'en quitte[3].

LE PRINCE. — Il ne viendra que trop tôt pour moi; lorsque vous le connaîtrez mieux, vous ne voudrez peut-être plus de moi.

SILVIA. — Courage! vous voilà dans la crainte à cette heure; je crois qu'il a juré de n'avoir jamais un moment de bon temps.

LE PRINCE. — Je vous avoue que j'ai peur.

SILVIA. — Quel homme! il faut bien que je lui remette l'esprit. Ne tremblez plus; je n'aimerai jamais le Prince; je vous en fait un serment par...

LE PRINCE. — Arrêtez, Silvia; n'achevez pas votre serment, je vous en conjure.

SILVIA. — Vous m'empêcherez de jurer? cela est joli; j'en suis bien aise.

LE PRINCE. — Voulez-vous que je vous laisse jurer contre moi?

---

1. *Il* ne peut guère représenter Arlequin, qui se trouve très loin; peut-être remplace-t-il *mon cœur*, suggéré par la réplique du Prince. A noter cependant que l'édition de 1724 porte ici : *sans qu'il y ait*, ce qui n'offre plus aucune difficulté; 2. *Avoir foi à* : construction normale alors; 3. *Quitter* : au sens classique de *tenir quitte* ; cf. «A rendre à mon tombeau des soins dont je vous *quitte* » (Racine, *Mithridate*, V, sc. dernière).

SILVIA. — Contre vous! est-ce que vous êtes le Prince?

LE PRINCE. — Oui, Silvia; je vous ai jusqu'ici caché mon rang, pour essayer de ne devoir votre tendresse qu'à la mienne; je ne voulais rien perdre du plaisir qu'elle pouvait me faire. A présent que vous me connaissez, vous êtes libre d'accepter ma main et mon cœur, ou de refuser l'un et l'autre. Parlez, Silvia.

SILVIA. — Ah! mon cher Prince, j'allais faire un beau serment! Si vous avez cherché le plaisir d'être aimé de moi, vous avez bien trouvé ce que vous cherchiez; vous savez que je dis la vérité, voilà ce qui m'en plaît.

LE PRINCE. — Notre union est donc assurée.

Scène X. — ARLEQUIN, FLAMINIA, SILVIA, LE PRINCE.

ARLEQUIN. — J'ai tout entendu, Silvia.

SILVIA. — Eh bien! Arlequin, je n'aurai donc pas la peine de vous rien dire; consolez-vous comme vous pourrez de vous-même. Le Prince vous parlera, j'ai le cœur tout entrepris : voyez, accommodez-vous; il n'y a plus de raison à moi[1], c'est la vérité. Qu'est-ce que vous me diriez? que je vous quitte. Qu'est-ce que je vous répondrais? que je le sais bien. Prenez que vous l'avez dit, prenez que j'ai répondu, laissez-moi après, et voilà qui est fini.

LE PRINCE. — Flaminia, c'est à vous que je remets Arlequin; je l'estime et je vais le combler de biens. Toi, Arlequin, accepte de ma main Flaminia pour épouse, et sois pour jamais assuré de la bienveillance de ton Prince. Belle Silvia, souffrez que des fêtes qui vous sont préparées annoncent ma joie à des sujets dont vous allez être la souveraine.

ARLEQUIN. — A présent, je me moque du tour que notre amitié nous a joué. Patience; tantôt[2] nous lui en jouerons d'un autre.

---

1. « Il n'y a plus à raisonner avec moi », ou bien : « Je ne suis plus maîtresse de ma raison »; 2. *Tantôt* désigne ici le futur proche.

APPENDICE

Les divertissements de *la Double Inconstance*.

A sa création, *la Double Inconstance* fut agrémentée d'un divertissement musical et chanté — conformément à la *commedia dell' arte* — dont la partition est l'œuvre de Jean-Joseph Mouret (1682-1738)[1]. La troupe des comédiens italiens comprenait un orchestre de huit ou neuf musiciens jouant de divers instruments à cordes, auxquels s'ajoutèrent des flûtes, des timbales, des tambours et des trompettes, puis des hautbois et des bassons. *La Double Inconstance* fut même l'occasion d'un procès intenté par l'Opéra contre les Italiens et d'une contravention visant le nombre des violons qui faisaient partie de l'orchestre (procès-verbal du 8 août 1733).

Par ailleurs, les comédiens eux-mêmes étaient souvent d'excellents chanteurs et danseurs.

Le divertissement de cette comédie comprend les morceaux suivants :

1° Un solo (chanté par un « tréteur »), qui se plaçait sans doute à la fin du premier acte, quand Arlequin sort pour manger et boire, et dont voici les paroles :

> Par le fumet de ces chapons,
> Par ces gigots, par ma poularde,
> Par la liqueur de ces flacons,
> Par nos ragoûts à la moutarde,
> Par la vertu de ces jambons
> Je te conjure, âme gourmande,
> De venir avaler la viande
> Que dévorent tes yeux gloutons.
> Amy tu ne peux plus attendre,
> Vient *(sic)* ce rôt a charmé ton cœur,
> Je reconnois à ton air tendre   *(bis)*
> L'excès de ta friande ardeur
> Suis-nous, il est tems de te rendre.
>> Viens goûter la douceur
>> De gruger ton vainqueur
>> Il est tems de te rendre.
>> Viens goûter la douceur
>> De gruger ton vainqueur.

2° Un *Dernier Divertissement*[2], composé lui-même de plusieurs parties et destiné sans doute à clore la comédie :

---

1. Il composa, de 1718 à 1737, les divertissements de près de cent cinquante pièces, dont huit de Marivaux ; 2. « Lélio (c'est-à-dire le Prince) épouse Silvia et Arlequin se marie avec Flaminia ; cette double inconstance est célébrée d'une fête qui finit la pièce au gré des spectateurs. Le divertissement est composé d'un air italien et de quelques danses ; d'un pas de deux, entre autres, dansé par les demoiselles Flaminia et Silvia, qui a fait plaisir », dit le compte rendu de la première, paru dans le *Mercure* d'avril 1723.

— Une Entrée de plaisirs;
— Un chant (sans indication d'interprète) :

> O vous que la nature
> Orne de tant d'attraits
> Puissiez-vous à jamais   *(bis)*
> De tous les soins coquets
> Ignorer l'imposture.

> Si vous voulez qu'avec ardeur
> Ce Prince toujours vous chérisse
> Gardez-lui pour tout artifice
> L'innocence de votre cœur.   *(bis)*
> Gardez-lui, gardez-lui pour tout artifice
> L'innocence de votre cœur.

— Une danse (un passe-pied);
— Un chant (sans indication d'interprète) :

> Achevons cette comédie
> Par un trait de moralité.
> Tout cœur de femme en cette vie
> Est sujet à légèreté.
> Mais s'il faut vous le dire en somme
> En revanche aussi tout cœur d'homme   *(bis)*
> Ne vaut pas mieux en vérité.

DOCUMENTATION THÉMATIQUE

réunie par la Rédaction des Nouveaux Classiques Larousse

1. La réalisation des rêves.
2. La liberté des êtres.

1. LA RÉALISATION DES RÊVES

◆ Henri Coulet et Michel Gilot, *Marivaux un humanisme expérimental* (Larousse, coll. Thèmes et Textes, 1973).

En réalité ses comédies sont des actes : il s'agit toujours de donner corps à un rêve. On l'a déjà dit, il serait absurde de vouloir imaginer une suite pour ses pièces d'amour tendre (les « Surprises de l'amour » ou *le Jeu*), car au dénouement il en reste tout juste l'aventure que les héros ont vécue ensemble : comme Silvia le laisse entendre, dans ce presque rien pourra tenir le sens d'une vie. Mais prenons l'exemple le plus simple. Marivaux veut les jeunes filles libres et épanouies : *l'Ecole des mères* va permettre à ce rêve de s'exprimer avec la force d'une révélation. On lui opposera de solides réalités. Mme Argante n'est pas un fantoche, elle a une très haute idée de sa fille Angélique, des devoirs des femmes et de leur vocation ; naturellement sages, modestes et raisonnables, elles sont faites pour obéir. Les rôles de domestiques, bien que très courts, sont moins stylisés que dans d'autres pièces. Nous sommes dans une certaine maison de Paris, toute marquée par l'empreinte d'une mère terrible. Cette maison si austère va devenir un lieu enchanté ou une aire de fête. Ce soir-là tout le monde pèche par un peu de fantaisie. Madame Argante — quelle idée ! — a prévu un petit bal en l'honneur du mariage de sa fille. Le riche prétendant M. Damis, bel homme de soixante ans, songe — quelle idée ! — à demander à sa future ses dispositions ; un peu plus tard, comme un petit jeune homme, il lui vient même l'envie de se déguiser. Pauvre Mme Argante, pauvre M. Damis ! A leur intention Marivaux organise toute une guirlande de surprises. Mais ces quiproquos et ces jeux de masque, ces variations malicieuses sur quelques mots clés (« modestie », « épouser »), toutes ces fausses apparitions ne composent encore qu'un accompagnement, car le thème qu'il s'agit de servir, c'est l'apparition d'Angélique : pour se manifester, sans même qu'elle s'en doute, tout lui est bon, jusqu'à la politesse, qui devient entre ses mains une arme splendide. Une chrysalide, engoncée dans son « corps » jusqu'au cou, laisse bientôt jaillir une vraie jeune fille : une « dangereuse petite fille », comme on dira dans *la Vie de Marianne*. C'était tout l'objet de la pièce : dans l'épanouissement léger d'une fantaisie, Marivaux a fait vivre un rêve tendre.

Naturellement dans une pièce plus ambitieuse comme *l'Ile de la Raison,* le jeu est plus corsé : tout le spectacle obéit à une logique onirique. Le monde des Raisonnables n'est pas de ceux où l'on ne peut s'intégrer qu'après un bon lavage de cerveau, c'est un pays très humain où règne une exquise cordialité : plus on va s'éloigner de notre réalité quotidienne, plus l'on se sentira dans un domaine familier. Chacun peut enfin devenir homme selon ses propres ressources : « le feu prend », et c'est l'aube du monde ou du paradis. Chaque pièce assure le triomphe d'un rêve sur une certaine réalité, et comme nous avons commencé de le voir, il ne s'agit pas d'évasion ou de compensation frileuse. Mais suivant la position du poète dans la société de son temps, sa manière varie : tantôt il se sert de sa pièce pour mettre à l'épreuve ses rêves, tantôt il les conjugue pour mieux parvenir à ses fins. Nous prendrons donc nos exemples aux deux bouts de sa carrière dramatique : *la Double Inconstance* et *les Fausses Confidences.*

Dans *la Double Inconstance* plusieurs rêves s'affrontent : à la fin le plus fort s'impose et triomphe de la réalité *hic et nunc* de 1723. Il y a d'abord un *rêve pastoral :* la vague image du village où Arlequin travaillait avec son père, où Silvia vivait près de sa mère, où ils s'aimaient tous deux, quand Silvia offrit de l'eau au bel officier. C'est le rêve qui jaillit, comme une source inépuisable, quand Arlequin évoque le visage et le comportement de sa bien-aimée, ou bien quand Silvia ou le Prince rappellent leurs rencontres. Rêve à l'état naissant : jamais il n'est si proche que le pré lumineux d'*Arlequin poli par l'amour* ou le fabuleux Pérou des *Lettres d'une Péruvienne,* or et parfum, présence vivante, grand rêve de primitivité. Le sujet de *la Double Inconstance,* ce ne sera pas la transplantation déchirante de deux êtres naturels. Vis-à-vis, il y a la Cour, qui donne lieu à des rêves très différents. C'est d'abord ce palais où l'on séquestre Silvia, où des criminels de haut vol trament une implacable machination en buvant leur chocolat dans des tasses précieuses : lieu maléfique, lieu du complot. La pièce pourrait être un mélodrame comme sera *la Répétition ou l'Amour puni.* Mais ce n'est qu'un rêve fugitif : il s'efface bientôt pour laisser s'épanouir ce qu'on pourrait appeler le *rêve comique.* Toute comédie est naturaliste dans son principe, mais très curieusement nous avons affaire ici à une sorte de naturalisme mondain : lieu de luxe et de confort, la Cour est un pays où vraiment l'on vit bien. Le temps n'y passe pas si lentement qu'on aurait cru : on s'y ébat si allégrement ! Comme

Silvia et Arlequin s'y sentent à l'aise! Après la Fée d'*Arlequin poli par l'amour*, encore une figuration de la nouvelle société de la Régence, cette société si brillante, si « commode »...

Marivaux aurait pu écrire « une petite comédie gaie », comme disait un critique de l'entre-deux-guerres, une parade joviale (comment Silvia devient grande fille, et Arlequin, un gros monsieur) : or toute sa pièce est traversée par un rêve plus subtil et plus pénétrant, un *rêve sibyllin*. La Cour est le lieu du mensonge : *la Double Inconstance* pourrait être étudiée comme une construction superbement sophistiquée, une architecture mobile de mensonges. Flaminia ment, bien entendu ; mais sans doute aussi Trivelin quand il laisse entendre qu'il l'aime et quand il parle de son cousin ; et Lisette quand elle soutient qu'elle aimait le Prince ; et le Seigneur qui vient solliciter Arlequin ; et le Prince lui-même, quand il affecte d'avoir peur des réactions de Flaminia. Ce qui est inquiétant, c'est qu'on ne sait jamais tout à fait s'ils mentent ou s'ils ne mentent pas. Quand ces menteurs sont-ils en service commandé ? Quand se livrent-ils à des initiatives personnelles ? Il y a sur la scène comme une délégation permanente, une théorie, d'êtres mensongers, émanations ornementales du monde de la Cour qu'ils interprètent chacun selon soi-même : le Seigneur avec ses chamarrures ; Trivelin, dernier avatar de l'homme aliéné, dans son épaisse satisfaction ; Lisette dans sa présence si vive : chacun est déguisé en soi-même et remplit sans le savoir une fonction. De partout, à point nommé affluent les mensonges, et jusqu'au bout l'ambiguïté subsistera : truquage immense ou jeu glacé, ballet d'ombres et de mots. Il est pourtant un dernier rêve qui existe beaucoup plus fortement encore, celui auquel Marivaux nous fait croire pour finir : on pourrait l'appeler le *rêve de vie*. Cernés par les mensonges, Arlequin et Silvia s'ébattent avec délices dans une société dissolvante, mais, jusque dans les manifestations de mauvaise foi les plus amusantes, ils demeurent eux-mêmes, naturels, résistants et sains comme de belles plantes humaines. Mystère en pleine lumière. On pourrait penser à d'autres héros auxquels Marivaux prête quelque chose de son génie (Marianne, Jacob ou Brideron), mais ce rêve illustre certainement l'espèce de confiance élémentaire et profonde que le dramaturge garde en lui-même, face à la société de 1723. Ultime certitude dans une période où il inclinait de plus en plus vers le pessimisme : trois ans plus tôt, pour bafouer la Fée, il suffisait à Arlequin de s'emparer joyeusement de sa baguette.

2. LA LIBERTÉ DES ÊTRES

Prenons une dernière fois comme exemple *la Double Inconstance,* sa pièce la plus « classique » suivant le goût actuel. L'action progresse en deux grandes courbes inversées. La première nous mène jusqu'à l'entrevue d'Arlequin et de Silvia, charmants amoureux sublimes : nous sommes encore dans le monde de la pastorale. Suivant la seconde courbe, qui naît dans la scène finale du premier acte et s'épanouit tout au long de l'acte II, Arlequin et Silvia vont chacun vers un nouvel amour. Trois cycles d'égale longueur : Silvia sous la coupe de Flaminia (scènes 1-4) ; Arlequin héros conquis (scènes 5-8) ; Silvia enfin « grande fille » (scènes 9-12) ; deux évolutions jumelles ; une seule progression, irrésistible. Tout semble joué, et les trois premières scènes de l'acte III confirment cette impression : Flaminia, l'âme du complot, met la dernière main à ses préparatifs ; Arlequin rosse Trivelin par « amitié » pour Flaminia ; une amitié qui se fait de plus en plus impatiente. Mais avec la séquence centrale, à nouveau, insensiblement tout change. Entre le Seigneur sans nom, devant qui Flaminia s'efface, avec un sourire exquis et ambigu de femme de Cour. C'est sa troisième entrevue avec Arlequin, mais, loin de se répéter, ces trois scènes ponctuent le progrès d'une dialectique ou les étapes d'une évolution. Vers la fin du premier acte, en face de ce fantoche, émissaire ou émanation d'un monde frelaté, Arlequin apparaissait encore comme un héros naturel ; vers la fin de l'acte II, c'était un homme fier de son crédit, un Arlequin tant soit peu corrompu, « gros monsieur », qui recevait le Seigneur ; maintenant il ne sait plus trop que faire : pour la première fois, il est réellement troublé par le monde de la Cour, et ce trouble léger, léger, qu'il laisse s'installer en lui, c'est en dernière analyse un trouble profond, et peut-être le début d'une distanciation.

On nous présentait deux jeunes êtres persécutés : Arlequin se défendait comme un beau diable et pourfendait allégrement ses ennemis ; un héros désinvolte et sans geste, une jeune première capable d'inventer la grève de la faim, deux belles âmes enfin réunies, sans plus penser à rien : les amoureux sont seuls au monde. Triomphe trop facile,

liberté vide! A cette atmosphère héroïque et tendre suc-
cédait une tonalité humaine, trop humaine. Arlequin et
Silvia n'ont aucun pouvoir miraculeux pour échapper
à l'attrait de la Cour : dès le moment où ils sont enfin
libres de se voir, de se parler, de s'ébattre à l'aise dans
le nouveau monde où ils sont plongés, chacun selon soi-
même (avec une impétuosité naïve ou une délicieuse
mauvaise foi), les voilà bientôt « distraits », aliénés :
pour s'égarer, ils vont vraiment doués! Ce devait être
toute la pièce, mais voici que naît une tout autre tonalité
humaine, celle qui s'attache à l'exercice effectif de la
liberté : l'angoisse imperceptible, ou la mélancolie, de la
conscience solitaire.
Dans la scène centrale de ce dernier acte, quelques instants
avant que s'épanouisse dans une « surprise » aussi joviale
son nouvel amour, Arlequin rencontre le Prince, il garde
le droit de parler comme il l'entend, et c'est un grand
moment, totalement inattendu. Deux hommes se font face,
et personne n'a tout à fait tort, ni tout à fait raison : qui
pourra rompre ce trop parfait équilibre ?

> Allez, vous êtes mon prince, et je vous aime bien ;
> mais je suis votre sujet, et cela mérite quelque chose.

Dans ce face-à-face s'accomplit enfin, en se décantant, toute
une critique sociale. Marivaux ne se contentait pas de
dénoncer un certain type de société de consommation, de
s'en prendre à l'ambition, aux « honneurs » et d'une
manière plus générale aux valeurs de la noblesse, certains
aveux de Trivelin ou de Lisette lui permettaient de tou-
cher aux racines du mal : l'arbitraire et le poids de l'argent. Mais sa critique était si brillante et si radicale qu'elle
pouvait paraître inauthentique : Arlequin disait leurs
quatre vérités aux gens de la Cour avec tant de pertinence,
d'impertinence et de détachement qu'on pouvait le prendre
purement et simplement pour un humoriste. Position trop
commode, ou jeu truqué ? Car, pour finir, sa conduite
s'accorde bien mal avec ses boutades : dans « ce pays-là »,
il garde ses coudées franches, il n'est pas perverti comme
a voulu croire l'auteur de *la Répétition,* bien au contraire
il s'épanouit! Où est la pure nature, et ne vit-on pas avec
ardeur dans cette « nouvelle société » ?

> Qu'est-ce que ces gens-là? D'où sortent-ils? De quelle
> pâte sont-ils? — De la pâte des autres hommes, ma
> chère Silvia.

Mais voici qu'apparaissent ces notions élémentaires de justice et de dignité humaine. Aucun théâtre ne les a fait valoir avec autant de force; on nous les rend sensibles, présentes, en instituant ce face-à-face qui se substitue aux entrevues des princes sur quelque Bidassoa : un homme vaut un homme...

Personne ne peut plus rester isolé. Il faut aller jusqu'au bout de soi-même, et les raisons des uns commencent, si peu que ce soit, à compter pour les autres : pour un peu, on en viendrait à se comprendre. L'aventure amoureuse met en jeu, elle aussi, la responsabilité de chacun. Dans une dernière scène triomphale de « distraction », le cas d'Arlequin sera bientôt résolu, mais Silvia et le Prince demeurent seuls, face à leur décision. Comme on sait, les conduites émotives peuvent très commodément servir de masques : sans le savoir Silvia se complaît dans son indécision et y trouve un alibi. Elle est là, grave et humble comme la princesse Laodice vers la fin de *la Mort d'Annibal*, évasive et frémissante; elle voudrait bien connaître la grande passion qui l'arracherait pour toujours à elle-même : pour Marivaux, c'est une notion mythique. Elle voudrait aussi croire et faire croire qu'elle peut gratuitement porter son amour ici ou là, et, pour oublier sa gêne, elle trouve, bien entendu, des ressources instinctives (qu'on dira, si l'on y tient, « bien féminines »), dans l'énervement et la satisfaction de son amour-propre. Cette Flaminia, avec tout ce qu'elle insinue; ce Prince qu'elle attend et qui ne vient toujours pas; cet officier, « son » officier, qui, avec ses attitudes d'humble chevalier servant, ne peut lui être d'un grand secours. Elle était à peu près résolue à l'aimer, mais elle restait une bonne âme : elle avait un peu peur de faire souffrir Arlequin. Quand elle apprend qu'il se consolera peut-être assez facilement, elle bondit : pour pouvoir se livrer à son nouvel amour, elle avait besoin sans doute de savoir Arlequin inconsolable. « J'avais renoncé à lui, avouera Marianne à son tour, mais je n'entendais pas qu'il renonçât à moi. Quelle bizarrerie de sentiments! » Quelle féroce, quelle énorme coquetterie, dira-t-on. Mais c'est aussi et surtout l'effet d'une quête désespérée : dans ce moment de désarroi, il lui fallait absolument trouver une compensation quelconque. Ici encore la coquetterie n'est qu'une issue dérisoire.

Arrive l'officier, et le jeu continue : voici qu'elle lui demande un avis impartial, objectif, et plus pour elle l'enjeu est grave, plus elle éprouve le besoin d'en parler légèrement. Décidément son amour-propre veille toujours : sans le savoir, elle tient superbement son rôle, et Marivaux s'amuse visiblement. L'officier, lui aussi, joue un rôle, ne serait-ce qu'en se conformant exactement à ce qu'elle pouvait attendre de lui. Mais sans le savoir Silvia rayonne la certitude : tous ses mots si drus, sa présence chaleureuse traduisent la confiance qu'elle éprouve envers son amoureux. D'une réplique à l'autre, entre les deux jeunes héros grandit une communion toujours plus étroite : les problèmes s'effacent, ils découvrent ensemble la liberté, tout commence. Silvia s'exprime tout entière dans un mot de petite fille, de princesse de conte de fées : « Ah, mon cher Prince !... ». Simplification merveilleuse ! Comme on l'a dit, elle reste fixée dans un élan : c'est le miracle, enfin réalisé.

On reste libre de ne pas croire à cet instant. On dira alors que Silvia a été abusée, que tout s'est joué sans elle et qu'elle se retrouve seule dans une atmosphère de gaieté générale. Tout est allé trop vite. Le cœur humain change trop vite. Silvia se laisse aller à son nouveau bonheur avec une certaine désinvolture, mais elle ne sait pas trop ce qui lui arrive (« Il n'y a plus de raison à moi »). Un grand vide s'est fait en elle. Elle demeure toute étonnée. Ce n'est plus la souffrance avouée du début de la pièce, mais la tristesse du passage à l'état adulte. Pourquoi pas ? Toutes ces nuances subsistent même si l'on croit à cet instant : la découverte de la vérité n'est jamais une grâce d'oubli. Arlequin s'introduit dans le cercle de la transparence : « J'ai tout entendu, Silvia », et celle-ci répond : « Consolez-vous de vous-même ». Dans le mouvement de la pièce, la cruauté de cette réplique s'efface : en réalité Arlequin ne l'aime plus et tous sortent d'affaire vainqueurs et vaincus, ils acceptent de bonne grâce le tour que leur amour leur a joué. Les lendemains seront des jours de fête : fêtes galantes commandées par le Prince, fêtes privées entre Arlequin et Flaminia, Silvia et son cher officier. Alors s'accomplit la *Double Inconstance*. Noces joyeuses : Marivaux tient à le souligner à l'aide d'un de ces mots de la fin que par un curieux effet de censure on s'acharne souvent à ne pas comprendre. Féerie qu'on trouvera, si l'on veut, imperceptiblement triste : il faut rêver sans cesse après avoir rêvé. Grand mouvement pour aller plus loin : l'instant de vérité et l'instant du bonheur maintenant se confondent, et tout peut commencer. Pouvoir vivificateur. Théâtre de l'intelligence. Mais dans ce théâtre les êtres humains sont des acteurs de bonne foi.

JUGEMENTS SUR « LA DOUBLE INCONSTANCE »

Cette pièce n'a pas paru indigne de *la Surprise de l'amour*, comédie du même auteur. [...] On a trouvé beaucoup d'esprit dans cette dernière[1] de même que dans la première ; ce qu'on appelle métaphysique du cœur y règne un peu trop et peut-être n'est-il pas à la portée de tout le monde, mais les connaisseurs y trouvent de quoi nourrir l'esprit.

Le Mercure (avril 1723).

Comédie très bonne.

Thomas-Simon Gueullette (1683-1766),
Notes et souvenirs sur le théâtre italien au XVIIIe siècle
(publiés par J.-E. Gueullette, Paris, Droz, 1938).

Celles [les comédies] dont M. de Marivaux faisait le plus de cas sont *la Double Inconstance*, les deux *Surprises de l'amour*, *la Mère confidente*, *les Serments indiscrets*, *les Sincères* et *l'Ile des esclaves*.

Lesbros de La Versane,
l'Esprit de Marivaux (1769).

XIXe SIÈCLE

[Cette] comédie [...] a cela de particulier que c'est du cœur même des deux amants qu'elle tire l'obstacle qui s'oppose à leur union et qu'une passion vive et sincère y cède tout naturellement la place à une autre passion non moins sincère, mais seulement plus active et relativement à chacun d'eux plus puissante. Les personnages sont choisis dans une classe commune ; les effets de la tentation n'en seront que plus comiques et les résultats plus prompts.

P. Duviquet,
Edition des Œuvres complètes de Marivaux (1825-1830).

Tout en conservant au type sa couleur originale, [Marivaux] fait paraître [Arlequin] tantôt pétillant d'esprit, tantôt stupide [...] un mélange de Sganarelle, de Sancho Pança, de Crispin et de Figaro.

Maurice Sand,
Masques et Bouffons (1860).

---

1. Allusion à une parodie de Fuzelier : *le Serdeau des théâtres*, jouée sur ce même théâtre le 17 février 1723.

C'est dans *la Double Inconstance* surtout que se laisse le mieux étudier et saisir le manège des amoureux de Marivaux; tous les ressorts de cette mécanique subtile y jouent en même temps. Le dénouement est des plus originaux, comme résultat d'une stratégie si savante : pour une fois l'obstacle à la réunion des amants venait du dehors : ils étaient séparés par la volonté d'un prince. Ils se juraient donc, gémissant chacun de son côté, une fidélité inébranlable; mais, à peine sont-ils réunis, ils s'aperçoivent qu'ils ne s'aiment plus : leur passion, vive et sincère au début, a graduellement cédé la place à une passion nouvelle, non moins sincère et non moins vive.

Cette manière de présenter l'amour ne va pas, il faut le dire, sans quelque invraisemblance.

. . . .

Trivelin de *la Double Inconstance*, moitié valet de cour, moitié sorte de personnage prêt à toutes les besognes, naïvement servile et plat, a complètement perdu, dans le long usage de la cour, le sentiment de l'indépendance et de la dignité humaine. Lorsqu'il est obligé de vivre avec Arlequin, franche et droite figure de paysan, qui ne comprend rien aux conventions du monde étrange dans lequel le caprice d'un prince l'a jeté, il est stupéfait des raisonnements aussi simples qu'audacieux de son nouveau compagnon. Le bon sens grossier du campagnard lui paraît le comble de la déraison; les plaisanteries les plus innocentes prennent pour lui la proportion d'hérésies scandaleuses : c'est la fable du loup et du chien développée en deux scènes charmantes (I, IV et V, II). A force de bonhomie Arlequin rencontre naturellement l'ironie romantique; à force de vivre d'une vie artificielle, Trivelin a l'esprit faussé sans remède; la convention l'a façonné à son image; ce n'est plus un homme, c'est le produit absurde et bizarre d'une civilisation mauvaise.

G. Larroumet,
Marivaux (1894).

XXᵉ SIÈCLE

[La pièce flotte] dans un royaume de légende où les nuances de sentiment ne sont pas encore l'objet d'une science brevetée.

P. Brisson,
le Temps (12 mars 1932).

Marivaux aime sans doute [*la Double Inconstance*] pour cette « métaphysique du cœur » [...] ou plutôt pour cette étude subtile, mais fort concrète, de deux cœurs en lutte contre un sentiment qu'ils réprouvent, et par lequel ils se laissent vaincre. Et certaine-

ment aussi pour la philosophie sociale de quelques scènes épisodiques [...] surtout cette scène d'Arlequin recevant du Seigneur
ses lettres de noblesse, où Marivaux montre autant de force que
De Lisle[1], sans se départir d'un ton de vérité observée qui fait
défaut à son confrère. [...] Toute « métaphysique » qu'on la déclare,
la comédie de Marivaux reste une image directe de la vie.

X. de Courville,
Luigi Riccoboni, dit Lélio (t. II), Paris, Droz (1945).

Ce n'est pas une pièce qui compte parmi les mieux venues de
Marivaux ; elle hésite entre plusieurs tendances, qu'elle ne parvient
ni à fondre ni à équilibrer. Pourtant, et par là même, c'est l'une des
plus complètes, l'une des plus saisissantes. Elle témoigne d'une
volonté d'élargissement ; elle s'adresse à de nouvelles sources d'intérêt. Malgré l'irréalité du décor et l'invraisemblance de la donnée,
les personnages offrent des traits plus accusés ; le milieu se précise :
cour chimérique sans doute, mais non pas si vaine que l'auteur n'y
puisse exercer son goût de l'observation et de la critique morale.

M. Arland,
Marivaux (1949).

Dans l'ordre de son évolution [celle d'Arlequin], *la Double Inconstance* semble être la suite [d'*Arlequin poli par l'amour*].

[...] Les réflexions d'Arlequin sur la vie simple, l'amour cham-
pêtre, la tyrannie, dans *la Double Inconstance*, ne serait-ce pas de
la sensiblerie, sans le piment de l'expression ?

G. Attinger,
l'Esprit de la commedia dell' arte dans le théâtre français (1950).

---

1. Louis-François de Lisle de La Drévetière (1682-1756), prosateur et
poète, auteur entre autres de *Arlequin sauvage* (1721), *Timon le misanthrope*
(1722), *Arlequin au banquet des Sept Sages* (1723), etc.

QUESTIONS SUR LE PREMIER ACTE

SCÈNE PREMIÈRE. — Par quels moyens Trivelin essaie-t-il de persuader Silvia ?

— Comment Silvia juge-t-elle la cour ? (« Une cour qu'elle regarde comme une affreuse prison » selon le compte rendu du *Mercure*.)

— Quels détails nous apprennent que Silvia ne sait pas qui est le Prince ?

— L'éloquence de Silvia dans la grande déclaration de son amour pour Arlequin. Cette éloquence vous paraît-elle convenir au personnage ?

SCÈNE II. — Le cynisme de Flaminia et la flatterie de Trivelin.

— Comment l'auteur s'est-il efforcé de rendre le Prince sympathique ?

— Que nous apprend cette scène sur le caractère de Silvia ? Est-ce une confirmation de ce que la scène I avait révélé ?

SCÈNE III. — Pourquoi Flaminia fait-elle ainsi la leçon à Lisette ?

— Quelle critique est faite ici sur la « galanterie » à la mode alors ?

SCÈNE IV. — Montrez que l'attitude d'Arlequin devant Trivelin est assez semblable à celle de Silvia (scène I). Quel effet produit cette analogie ?

— Le changement d'attitude d'Arlequin est-il bien ménagé ? (Quelle est ici l'importance des indications du ton de ses répliques ?)

— Étudiez chez Arlequin le mélange de bon sens et de naïveté.

— La critique sociale exprimée par Arlequin.

— Comment se manifeste ici le caractère « paysan » d'Arlequin ?

— Le « revirement » final d'Arlequin est-il vraisemblable ?

SCÈNE VI. — L'intérêt dramatique de cette scène ? Que nous apprend-elle sur le caractère d'Arlequin ?

— Lisette est-elle ici très habile ? Pourquoi ?

— Comparez le récit d'Arlequin (avant-dernière réplique) avec la scène V d'*Arlequin poli par l'amour*.

SCÈNE VIII. — Le dépit de Lisette n'est-il pas pour quelque chose dans la résolution de Flaminia ?

— Comment le dénouement est-il ici déjà préparé ?

— Quel est le ton de cette scène ?

SCÈNES IX-X. — Pourquoi ces scènes de pure farce ? Sont-elles nécessaires à l'action ?

— Relevez quelques vives critiques contre la noblesse.

SCÈNE XI. — Comment Flaminia commence-t-elle à gagner la confiance des deux amants ?

— Donne-t-elle l'impression d'être sincère ? Comparez son attitude avec celle de la scène VIII.

SCÈNE XII. — « La scène est tendre et naïve de part et d'autre »,
dit le compte rendu du *Mercure*. Appréciez ce jugement.

SCÈNE XIII. — Arlequin « avoue qu'après l'amour, la gourmandise est sa passion favorite et c'est par là qu'on entreprend de
lui faire insensiblement oublier Silvia » *(Mercure)*. Est-ce exact ?

QUESTIONS SUR LE DEUXIÈME ACTE

SCÈNE PREMIÈRE. — Silvia est-elle si pressée de revoir Arlequin ?
— Quel sentiment semble la préoccuper davantage, et comment
Flaminia la pousse-t-elle à se laisser entraîner par lui ?
— Où commence l' « inconstance » de Silvia ?
— Précisez les étapes de l'évolution des sentiments de Silvia.

SCÈNE II. — Comparez le ton que prend Silvia pour parler au
Prince avec celui qu'elle avait pour parler de lui (acte I, scène I).
— Montrez comment cette scène (l'insulte de Lisette) a été
habilement préparée par la précédente.
— Étudiez l'intérêt dramatique de cette scène.

SCÈNE III. — Quels sentiments Silvia témoigne-t-elle déjà pour
le Prince ?
— Qu'est-ce qui prouve qu'elle pense déjà beaucoup moins à
Arlequin ?
— Quel est le rôle joué ici par Flaminia ?

SCÈNE IV. — Quel effet est produit ici par le désir de Silvia
d'essayer de beaux habits ? Montrez le parallèle avec la scène XIII
de l'acte précédent.

SCÈNE V. — La naïveté d'Arlequin ne permet-elle pas à
l'auteur de glisser, ici encore, quelques critiques contre les mœurs
de cour ?
— L'importance de la « querelle » entre Trivelin et Flaminia ?

SCÈNE VI. — Comment Flaminia gagne-t-elle peu à peu la
confiance et la sympathie d'Arlequin ?
— Commence-t-elle déjà à aimer Arlequin ? ou ne fait-elle que
lui jouer la comédie ?
— Analysez les sentiments d'Arlequin pour Flaminia.

SCÈNE VII. — Le langage d'Arlequin (proverbes, expressions
familières) est-il ici conforme à ses origines « paysannes » ?
— Comment le Seigneur flatte-t-il Arlequin ? Comment le
pousse-t-il à s'intéresser davantage encore à Flaminia ?

Scène IX. — « Arlequin et Silvia paraissent d'abord un peu moins occupés l'un de l'autre ; Arlequin ne parle presque que de la bonne chère qu'on lui a faite et Silvia ne s'entretient à son tour que des beaux habits dont elle est parée » *(Mercure)*. Montrez en effet, dans cette scène, que l'amour des deux amants est déjà bien diminué. Qu'est-ce qui les préoccupe, l'un et l'autre, au premier chef ?

Scène X. — Les « excuses » de Lisette ont-elles pour résultat de calmer Silvia ?

— Quel sentiment nouveau éprouve celle-ci ?

Scène XI. — Comment Flaminia exploite-t-elle la jalousie naissante et l'amour-propre blessé de Silvia ?

— Qu'est-ce qui retient encore Silvia ? Est-ce son amour pour Arlequin ? Qu'espère-t-elle sans oser encore l'exprimer clairement ?

— Montrez dans quelle incertitude elle est à la fin de la scène.

Scène XII. — Montrez comment le Prince « s'insinue dans l'esprit de Silvia » *(Mercure)*.

— Les « premiers pas de l'inconstance » sont-ils faits déjà ? Qu'est-ce qui tend à le prouver ?

— Pourquoi le Prince ne se « dévoile-t-il » pas encore ?

— Pensez-vous que dans cet acte « toutes les gradations » n'ont pas été « exactement filées » *(Mercure)* ?

QUESTIONS SUR LE TROISIÈME ACTE

Scène première. — Étudiez le ton du langage du Prince.

— Comment — sur quel ton — Flaminia prépare-t-elle le Prince à l'aveu de son amour pour Arlequin ? Quelle indication nous est ainsi donnée sur le caractère de celle-ci ?

Scène II. — Arlequin « prend ici son caractère de balourd » *(Mercure)*. Est-ce exact ? Pourquoi ?

— Pourquoi cette scène de pure comédie ? Est-elle utile à l'action ? Est-elle « postiche » ?

— Quel effet produit sur Arlequin l'aveu — mensonger — de Trivelin ?

Scène III. — Montrez qu'Arlequin est tout prêt à aimer Flaminia ? Montrez aussi comment l'évolution de ses sentiments est parallèle à celle de Silvia.

— Arlequin a-t-il conscience de son propre changement ?

Scène IV. — Cette scène est-elle également « postiche » ?

— Contient-elle une critique sociale ?

Scène V. — « Arlequin qui tient encore un peu à sa chère villageoise parle en homme qui y tient encore beaucoup » *(Mercure)*. Est-ce exact ?

— Le ton des paroles du Prince ne frôle-t-il pas ici la mièvrerie ?

— « Cette scène aurait fait un plus grand effet sur les spectateurs si Arlequin leut eût paru uniquement occupé de Silvia » *(Mercure)*. Est-ce votre avis ? Quel effet l'auteur veut-il produire ici sur son public ?

— « Le roi en est si attendri que peu s'en faut qu'il ne lui [à Arlequin] cède sa maîtresse » *(Mercure)*. A quel moment ?

— Pourquoi, à la fin de la scène, l'allusion à Flaminia ?

Scène VII. — Arlequin a « une scène assez tendre avec Flaminia » *(Mercure)*. Justifiez cette appréciation.

— Quel effet produit sur Arlequin l'aveu de Flaminia ?

— Que pensez-vous de la rapidité de sa décision ?

— Montrez que malgré sa légèreté il a encore quelques remords.

Scène VIII. — Sur quel ton Silvia révèle-t-elle à Flaminia son nouvel amour ? Est-ce naïveté, cynisme, ou inconscience ?

— Quelle est sa réaction quand elle apprend qu'Arlequin se consolera vite ? Quel sentiment la fait alors hésiter sur ce qu'elle doit faire ?

Scène IX. — Pourquoi Silvia demande-t-elle conseil au Prince ? A-t-elle besoin d'une justification sérieuse ?

— Est-elle tellement étonnée en apprenant la vraie identité du Prince ?

Scène X. — Sur quel ton Silvia rompt-elle avec Arlequin ?

— Montrez comment, dans les dernières scènes, l'action s'est accélérée. Cette rapidité est-elle conforme à la vraisemblance ?

SUJETS DE DEVOIRS

— Marivaux, pour consoler Flaminia de n'avoir plus dans *la Double Inconstance* le rôle de première amoureuse, lui explique l'importance du personnage qu'elle doit jouer. Imaginez la scène et exposez les arguments de l'auteur.

— Imaginez l'article que Marivaux aurait pu envoyer au *Mercure* pour défendre les « scènes postiches » qu'on lui avait reprochées dans son acte III (scènes II et IV).

— « Comment n'être pas frappé par la fréquence et le rôle capital du déguisement dans ce théâtre ? Quand le héros n'y prend pas un habit ou un nom étrangers, il y joue un rôle, consciemment ou non, il y soutient une *attitude*, celle de l'indifférence ou du mépris, celle de la légèreté, celle de la caste, parfois celle de l'amour. Il semble que l'on puisse dire que presque toutes les pièces de Marivaux nous montrent un déguisement, soit qu'un état civil s'y dérobe, soit, plus souvent un cœur. C'est là le fondement de leur action et de leur intérêt ; en chacune d'elles, l'auteur n'a de cesse qu'il n'ait contraint le masque à tomber, et révélé, sous l'apparence, la vérité de l'homme. »

Cette remarque de M. Arland sur le « déguisement » s'applique-t-elle aux personnages de *la Double Inconstance*, et dans quelle mesure ? Les conclusions qu'en tire le critique sur le théâtre de Marivaux vous paraissent-elles justifiées ?

— L'opposition, en amour, de la naissance et de la fortune dans *la Double Inconstance*.

— Réalisme et romanesque dans *la Double Inconstance*.

— Silvia et Arlequin « paysans ».

— « Pas d'ingénues » chez Marivaux, déclarait Giraudoux. Le personnage de Silvia lui donne-t-il raison ?

TABLE DES MATIÈRES

Mame Imprimeurs - 37000 Tours.
Dépôt légal Février 1975. – N° 20334. – N° de série Éditeur 14444.
IMPRIMÉ EN FRANCE *(Printed in France)*. – 870 087 G Mars 1988.

un dictionnaire de la langue française pour chaque niveau :

NOUVEAU DICTIONNAIRE DU FRANÇAIS CONTEMPORAIN ILLUSTRÉ
sous la direction de Jean Dubois

- 33 000 mots : enrichi et actualisé, tout le vocabulaire qui entre dans l'usage écrit et parlé de la langue courante et que les élèves doivent savoir utiliser à l'issue de la scolarité obligatoire.
- 1 062 illustrations : un apport descriptif complémentaire des définitions et qui permet l'introduction de termes plus spécialisés n'appartenant pas au vocabulaire courant ou ne nécessitant pas d'explication autre que celle de l'image.
- Un dictionnaire de phrases autant qu'un dictionnaire de mots, comme dans l'édition précédente, selon les mêmes principes de description du lexique et du fonctionnement de la langue.
- Le dictionnaire de la classe de français (90 tableaux de grammaire, 89 tableaux de conjugaison).

Un volume cartonné (14 × 19 cm), 1 296 pages.

LAROUSSE DE LA LANGUE FRANÇAISE lexis
sous la direction de Jean Dubois

Avec plus de 76 000 mots des vocabulaires courant, classique et littéraire, technique ou scientifique , c'est le plus riche des dictionnaires de la langue en un seul volume.

Par la diversité de ses informations sur les mots, par la construction raisonnée de ses articles et par son dictionnaire grammatical, c'est un instrument de pédagogie active : il s'adresse aussi à tous ceux qui veulent comprendre le fonctionnement de la langue et acquérir la maîtrise des moyens d'expression.

Nouvelle édition illustrée : un volume relié (15,5 × 23 cm), 2 126 pages dont 90 planches d'illustrations par thèmes.

GRAND LAROUSSE DE LA LANGUE FRANÇAISE
7 volumes sous la direction de L. Guilbert, R. Lagane et G. Niobey; avec le concours de H. Bonnard, L. Casati, J.-P. Colin et A. Lerond

Un dictionnaire unique parce qu'il réunit :
- la description la plus complète du vocabulaire général, scientifique et technique, classique et littéraire, avec prononciation, syntaxe et remarques grammaticales, étymologie et datations, définitions avec exemples et citations, synonymes, contraires, etc.;
- la documentation la plus riche sur la grammaire et la linguistique : près de 200 articles (à leur ordre alphabétique) donnant une analyse détaillée des diverses théories, passées ou actuelles, sur les principaux concepts grammaticaux et linguistiques;
- un traité de lexicologie exposant les principes de la formation des mots et la construction des unités lexicales.

7 volumes reliés (21 × 27 cm).

dictionnaires pour l'étude du langage

une collection d'ouvrages reliés (13,5 × 20 cm) indispensables pour une connaissance approfondie de la langue française :

NOUVEAU DICTIONNAIRE ANALOGIQUE*
Par G. Niobey. Les différents termes capables d'exprimer une idée.

DICTIONNAIRE DE L'ANCIEN FRANÇAIS jusqu'au milieu du XIV° siècle*
Par A. J. Greimas. Indispensable aux étudiants et professeurs médiévistes, ainsi qu'aux lettrés.

DICTIONNAIRE DES DIFFICULTÉS DE LA LANGUE FRANÇAISE*
(couronné par l'Académie française), par Adolphe V. Thomas.

NOUVEAU DICTIONNAIRE ÉTYMOLOGIQUE*
Par A. Dauzat, J. Dubois et H. Mitterand. Près de 50 000 mots étudiés.

DICTIONNAIRE DU FRANÇAIS CLASSIQUE
Par J. Dubois, R. Lagane, A. Lerond.
Le vocabulaire des grands « classiques » du XVII° siècle.

DICTIONNAIRE DE LINGUISTIQUE
Par J. Dubois, M. Giacomo, L. Guespin, Ch. et J.-B. Marcellesi et J.-P. Mével.
Le vocabulaire qu'il faut connaître pour aborder l'étude de la linguistique.

DICTIONNAIRE DES LOCUTIONS FRANÇAISES
Par M. Rat. Un inventaire des gallicismes et des mots d'auteur entrés dans la langue.

NOUVEAU DICTIONNAIRE DES MOTS CROISÉS*

DICTIONNAIRE DES NOMS DE FAMILLE et prénoms de France*
Par A. Dauzat. 30 000 noms : leur source étymologique, historique et géographique.

DICTIONNAIRE DE LA PRONONCIATION
Par A. Lerond. La prononciation réelle du français d'aujourd'hui.

DICTIONNAIRE DES PROVERBES, SENTENCES ET MAXIMES*
Par M. Maloux. Pittoresque, instructive, toute la « sagesse des nations ».

DICTIONNAIRE DES RIMES orales et écrites
Par L. Warnant. Par ordre d'entrée phonétique de la dernière syllabe tonique.

LAROUSSE DU SCRABBLE®* dictionnaire des jeux de lettres
Par M. Pialat.

NOUVEAU DICTIONNAIRE DES SYNONYMES*
Par E. Genouvrier, C. Désirat et T. Hordé. Le choix du mot le plus juste.

DICTIONNAIRE DES VERBES FRANÇAIS
Par J.-P. et J. Caput. Tous les renseignements nécessaires à leur utilisation totale et précise.

(*) Existe également en format de poche dans la collection « Dictionnaires de poche de la langue française ». Ainsi que : LAROUSSE DES CITATIONS FRANÇAISES.

les principaux dictionnaires encyclopédiques :

PETIT LAROUSSE

La nouvelle édition du Petit Larousse n'a pas été mise à jour, comme les années précédentes, mais entièrement refaite pour être encore plus riche :
- avec 75 700 articles, vocabulaire et noms propres ont considérablement augmenté en nombre, dans le domaine culturel comme dans les secteurs spécialisés;
- renouvellement complet de l'illustration, plus expressive et plus documentaire; cartographie plus abondante, à la fois très précise et très lisible.

PETIT LAROUSSE

Un volume relié (15 × 20,5 cm), 1 906 pages dont 16 « pages roses » et 54 hors texte en couleurs.

PETIT LAROUSSE EN COULEURS

Un volume relié (18 × 23 cm), 1 702 pages dont 16 « pages roses ».

PLURIDICTIONNAIRE

A partir de la 6e. Le seul dictionnaire toutes disciplines qui couvre à la fois les programmes d'enseignement et tous les autres domaines de vie active auxquels les élèves s'intéressent. La base des travaux sur documents et du travail individuel.

Un volume relié (15,5 × 23 cm), 1 560 pages dont 64 hors texte en couleurs.

DICTIONNAIRE ENCYCLOPÉDIQUE LAROUSSE
1 volume en couleurs

Grand dictionnaire par son format et par la qualité de son illustration, mais en un seul volume facile à consulter, il réunit noms communs et noms propres :
- il fait connaître tout le vocabulaire de la langue courante et des grands domaines de la culture contemporaine;
- il fait comprendre les réalités du monde moderne;
- il fait voir par l'abondante illustration en couleurs.

Un volume relié (23 × 29 cm), 1 536 pages, près de 4 300 illustrations.

LAROUSSE 3 VOLUMES EN COULEURS

Nouvelle édition mise à jour.
Un très beau dictionnaire encyclopédique, remarquablement illustré en couleurs d'un bout à l'autre de l'ouvrage. Il regroupe les mots par « famille » et donne des tableaux récapitulatifs pour tous les sujets importants et de grands ensembles de documentation visuelle.

3 volumes reliés (23 × 30 cm), 118 146 articles, 12 554 illustrations et 542 cartes.

GRAND LAROUSSE ENCYCLOPÉDIQUE

Le plus riche et le plus important de tous les grands dictionnaires encyclopédiques par l'ampleur de sa documentation (à la fois sur tout ce qui concerne la langue française et sur toutes les connaissances, du passé et du présent), la diversité de l'illustration, les citations littéraires, les renvois à d'autres articles complémentaires, la bibliographie dans chaque volume pour tous les sujets importants.

10 volumes + 2 suppléments de mise à jour, reliés (21 × 27 cm), 189 612 articles, 410 hors texte en couleurs, 36 355 illustrations et cartes en noir.